Prüfungsvorbereitung Deutsch

Berufsschule

Autoren:
Manfred Maier
Ulrich Mezger

Ernst Klett Verlag
Stuttgart · Leipzig

So arbeiten Sie mit der Prüfungsvorbereitung Deutsch

Musterprüfungen

Material

Lob des Lobes

Teil 1: Textverständnis und Sprachgebrauch

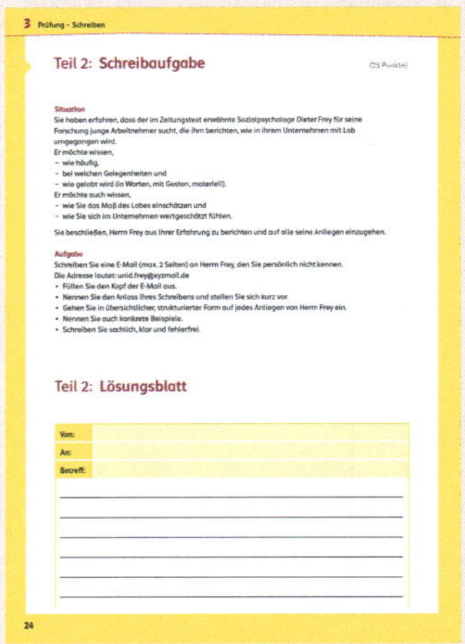
Teil 2: Schreibaufgabe

Teil 2: Lösungsblatt

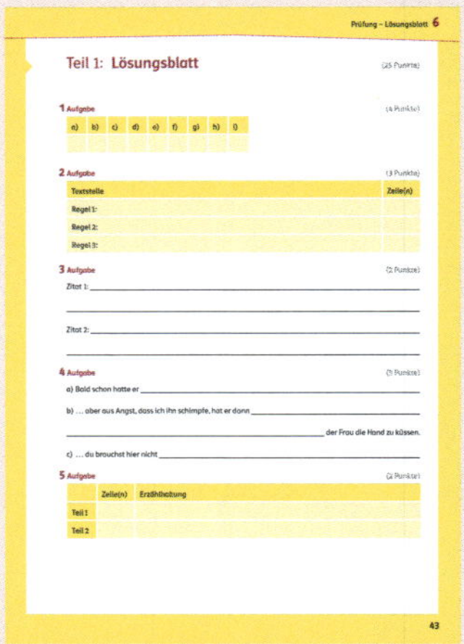
Teil 1: Lösungsblatt

Die acht **Musterprüfungen** sind mit einem gelben Rand gekennzeichnet.
Jede Prüfung beginnt mit einem **Text als Materialgrundlage.**

Jede Musterprüfung besteht aus zwei Teilen:
Teil 1: Textverständnis – Fragen zum Text beantworten
Teil 2: Schreibaufgabe – Selbstständiges Schreiben eines längeren Textes

Die Lösungen beider Prüfungsteile werden in das jeweilige **Lösungsblatt** eingetragen.

Lösungsheft

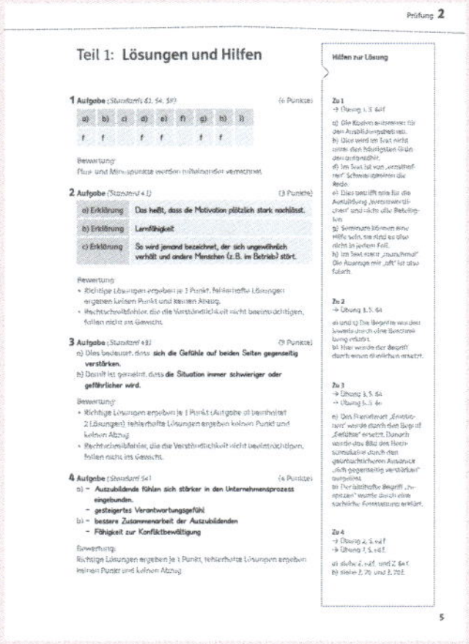
Teil 1: Lösungen und Hilfen

Alle **Lösungen** zu den Prüfungsaufgaben finden Sie im Lösungsheft.
In der Randspalte erhalten Sie zusätzliche Tipps und Verweise auf passende **Übungen.**

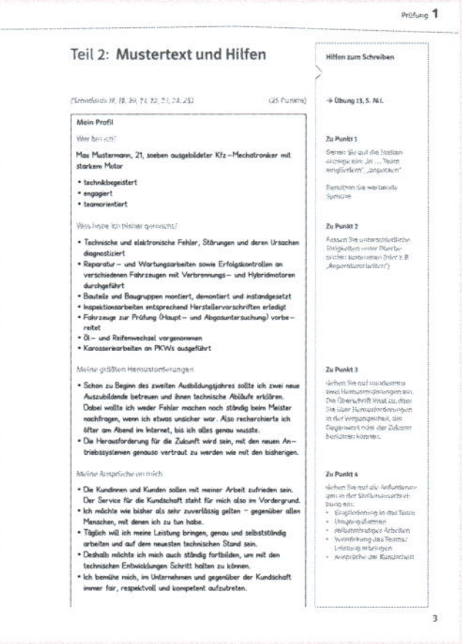
Teil 2: Mustertext und Hilfen

Zu jeder Schreibaufgabe gibt es einen **Mustertext** zur Orientierung.
Der **Kommentar** in der Randspalte erläutert, worauf Sie beim Schreiben achten sollten.

Übungen

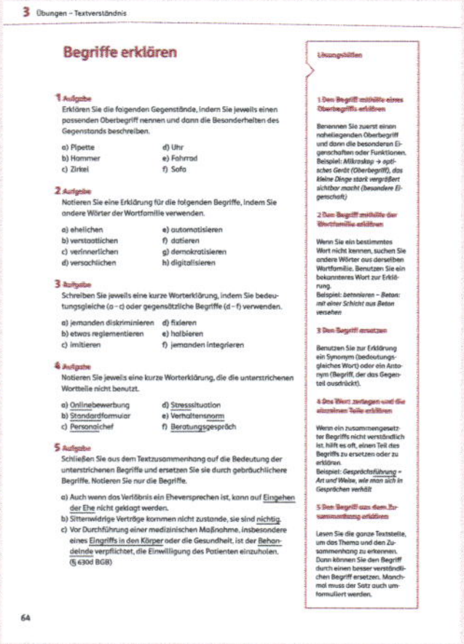
Begriffe erklären

Mit den **Übungen zum Textverständnis und zum Schreiben** können Sie sich vertiefend auf die Prüfungsaufgaben vorbereiten.
Die Randspalte bietet zusätzliche **Lösungshilfen** zu jeder Aufgabe.

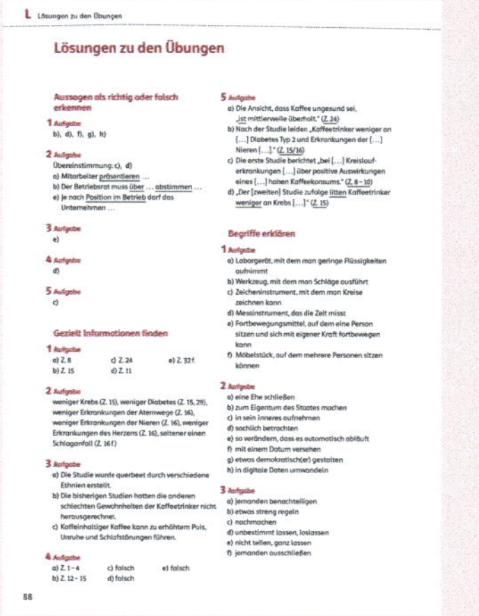
Lösungen zu den Übungen

Ihre Ergebnisse können Sie mithilfe der **Lösungen** überprüfen.

Inhalt

Vorwort

Liebe Schülerinnen und Schüler,

Sie haben nun ein Heft zur Prüfungsvorbereitung zur Hand, mit dem Sie die Deutschprüfung 1:1 simulieren und Ihre Ergebnisse auch selbst bewerten können.

Und so wird die Prüfung ablaufen:
- Auszubildende in **2-jährigen Ausbildungsberufen** erhalten **eine** Prüfungsaufgabe. Materialgrundlage ist immer ein Sachtext (siehe die Musterprüfungen 1 und 2 im Heft, S. 5 ff.).
- Alle **übrigen Auszubildenden** wählen aus **zwei** vorgelegten Prüfungsaufgaben **eine** aus. Materialgrundlage ist ein Sachtext oder ein literarischer Text (siehe die Musterprüfungen 3–8 im Heft, S. 18 ff.).

Jede Prüfungsaufgabe besteht aus zwei Teilen, die zu je 50 % in die Bewertung eingehen.
Teil 1: Geprüft werden das **Textverständnis** (genaues Lesen und Verstehen) und der **Sprachgebrauch** (wichtige Regeln der Rechtschreibung, Zeichensetzung und Grammatik).
Teil 2: Geprüft wird, ob Sie sich auf der Grundlage einer Situation **schriftlich** angemessen und korrekt ausdrücken können.

Die Prüfungszeit beträgt **120 Minuten**. Zusätzlich stehen 15 Minuten zum Einlesen und zur Vorbereitung zur Verfügung. Während der gesamten Prüfung können Sie ein **Wörterbuch** verwenden.

Im ersten Teil dieses Heftes finden Sie **acht Musterprüfungen**, die genau so aufgebaut sind wie die „echte“ Prüfung. Um sich die Bearbeitung zu erleichtern, können Sie die Seiten heraustrennen, die Sie bearbeiten wollen.

Im Lösungsheft erhalten Sie **alle Lösungen** zu diesen Prüfungsaufgaben und klare Hinweise zur Bewertung. Zusätzliche Lösungshilfen unterstützen Sie bei der Bearbeitung der Aufgaben. Die Musterlösungen zu den Schreibaufgaben sind außerdem kommentiert. Dadurch erhalten Sie hilfreiche Anhaltspunkte für Ihr eigenes Schreiben.

Für eine noch gründlichere Vorbereitung finden Sie im zweiten Teil des Hefts zu fast allen Aufgaben **zusätzliches Übungsmaterial**. Diese Übungen machen Sie dann richtig fit für die Prüfung!

Wir wünschen Ihnen viel Erfolg.

Autoren und Verlag

Material

Bettina Levecke

Das gewisse Extra

[...] Anschreiben, Lebenslauf, Zeugnisse, eventuell noch ein paar Referenzen – so sieht die 08/15-Bewerbung aus. „Auch Online-Bewerbungen, die direkt über die Bewerbungsportale der Arbeitgeber ausgefüllt werden, entsprechen leider häufig Schema F", sagt Jürgen Zech, Karriereberater aus Köln. Denn die Form der Bewerbung ist oft sehr stark vorgegeben. Dennoch sei es möglich, Individualität zu zeigen und sich von der Masse der Kandidaten abzuheben.

Der persönliche Anhang. Wer sich online für einen Job bewerben muss, kann erst einmal nicht viel tun, außer die vorgegebenen Felder auszufüllen. Erst beim Anhang wird es interessant: Neben Lebenslauf und Zeugnissen kann hier etwas persönlich Gestaltetes hochgeladen werden, etwa ein PDF-Dokument mit Arbeitsproben. Wer sich in einem Reisebüro bewirbt, kann zum Beispiel eine Grafik basteln, die zeigt, welche Orte der Welt man selbst schon bereist hat. Im Anhang hat man die Gelegenheit, noch ein Stück Persönlichkeit mitzuschicken. Das sollten Jobsuchende auf jeden Fall nutzen.

Ähnliches gilt für die Bewerbung per Post. Jürgen Hesse, Karrierecoach und Ratgeberautor aus Berlin, empfiehlt, auch hier für einen Überraschungseffekt zu sorgen. Knallgelb und im A2-Format muss die Bewerbung dafür allerdings nicht sein. „Zu viele Extras und Übertreibungen kommen nicht so gut an", warnt Hesse und empfiehlt, lieber gezielt Kontraste zu setzen. „Entweder ein besonderes Papier oder Format. Oder eine besondere Farbe oder Schrift, aber nicht alles zusammen." [...]

Die Edel-Bewerbung. Dass eine Bewerbung auf keinen Fall kreischbunt sein muss, um Personalern ins Auge zu fallen, davon ist Christine Werner überzeugt: „Heute gilt die Devise, weniger ist mehr", sagt die Karrieretrainerin aus Berlin. [...] „Der Leser sollte sofort wissen, wen er da vor sich hat", sagt Werner. Statt eines Anschreibens in Romanlänge und seitenlanger Detailverliebtheit im Lebenslauf gilt die pure Essenz. „Konzentrieren Sie sich in Ihrer Bewerbung auf die Punkte, die Sie für den Job prädestinieren, und heben Sie diese gezielt hervor." Dabei sei es clever, Wörter aus der Jobanzeige zu wiederholen. Wird jemand gesucht, der teamfähig und zuverlässig oder mit hoher sozialer Kompetenz ausgestattet ist? „Dann bringen Sie diese Formulierungen in Ihrem Anschreiben und im Lebenslauf unter." Werner empfiehlt, ergänzend ein Kurzprofil im Lebenslauf unterzubringen, und zwar direkt unter dem Wort Lebenslauf: „Und zwar mit drei Bullet Points, die Sie perfekt beschreiben und auch Wörter aus der Stellenbeschreibung aufgreifen." Ein Beispiel: „Marika Muster, Gärtnerin mit Blick fürs Ganze, zupackend, pünktlich, kollegial" oder „Emil Exempel, Diplom-Sozialarbeiter mit langjähriger Erfahrung in der Jugendarbeit, empathisch, zuverlässig, krisenfest".

Der Überraschungsangriff. Wer sich nicht nur auf die digitale oder postalische Bewerbung verlassen möchte, sollte selbst aktiv werden, sagt Hesse. Der Frontalangriff für Mutige: sich persönlich vorstellen – und zwar ohne Termin. [...] Oder eine Präsentation zum Anklicken, etwa als Video oder PDF-Dokument. „Konzentrieren Sie sich dabei auf drei Punkte", rät Christine Werner. Wer bin ich? Was habe ich bisher gemacht? Warum passe ich in den Betrieb? [...]

(Süddeutsche Zeitung, 30.04./01.05.2016)

Worterklärungen

- Z. 2 die Referenz: eine meist positive Beurteilung einer Person oder ihrer Arbeit
- Z. 3 08/15: anderer Ausdruck für „Standard"
- Z. 25 der Karrierecoach: Person, die eine andere Person berät und bei der beruflichen Entwicklung unterstützt
- Z. 38 die Devise: das Leitbild
- Z. 43 die Essenz: das Wesentliche einer Sache
- Z. 45 prädestinieren: jemanden geeignet erscheinen lassen
- Z. 54 f. Bullet Points: runde Aufzählungspunkte vor wichtigen Aussagen

Teil 1: Textverständnis und Sprachgebrauch (25 Punkte)

1 Aufgabe (5 Punkte)

Ihrer Klassenkameradin Thea sind einige Wörter und Begriffe im Text nicht ganz klar. Sie fragt Sie, was mit den unterstrichenen Begriffen genau gemeint sei.

- Erklären Sie auf Ihrem Lösungsblatt jeweils das unterstrichene Wort oder den Begriff.
- Benutzen Sie dabei nicht die unterstrichenen Wörter und Begriffe.

a) Schema F (Z. 6)
b) jeder Jobsuchende (Z. 22 f.)
c) Kontrast (Z. 31)
d) soziale Kompetenz (Z. 49)
e) empathisch (Z. 60 f.)

2 Aufgabe (4 Punkte)

Einige Klassenkameraden wollen wissen, was mit den unterstrichenen Ausdrücken im Text genau gemeint sei.

- Erklären Sie ihnen die unterstrichenen Ausdrücke, indem Sie sie auf Ihrem Lösungsblatt umformulieren.
- Benutzen Sie dabei nicht die unterstrichenen Wörter.

a) Dennoch sei es möglich, Individualität zu zeigen ... (Z. 8 f.)
b) Wer sich online für einen Job bewerben muss ... (Z. 11 f.)
c) Er empfiehlt, auch hier für einen Überraschungseffekt zu sorgen. (Z. 26 f.)
d) Statt seitenlanger Detailverliebtheit im Lebenslauf ... (Z. 41 ff.)

3 Aufgabe (3 Punkte)

Manche Formulierungen im Text lassen sich dadurch leichter erklären, dass man im Text eine gegenteilige Ausdrucksweise findet.

- Finden Sie zu den Formulierungen a) – c) eine gegensätzliche Ausdrucksweise im Text.
- Notieren Sie diese auf dem Lösungsblatt.

a) Bewerbung per Post (Z. 24)
b) zu viele Extras (Z. 29)
c) in Romanlänge (Z. 41 f.)

4 Aufgabe (6 Punkte)

Entscheiden Sie, welche der folgenden Aussagen sich eindeutig aus dem Text ableiten lassen.

- Markieren Sie die Nummer der richtigen Aussagen auf Ihrem Lösungsblatt mit einem „r“.
- Für jede korrekte Markierung erhalten Sie einen Punkt.
- Eine falsche Markierung führt zu einem Punktabzug.

a) Online-Bewerbungen sind laut Herrn Zech immer etwas Besonderes.
b) Bei der Online-Bewerbung ist man in der Form häufig sehr eingeschränkt.
c) Es ist nicht ausgeschlossen, dass man sich mit seiner Bewerbung von Mitbewerbern abhebt.
d) Bei einer Online-Bewerbung füllt man nur die vorgegebenen Felder aus.
e) Man sollte bei einer Online-Bewerbung niemals noch einen Anhang hinzufügen.
f) Übertreibungen können sich bei einer Bewerbung negativ auswirken.
g) Herr Hesse rät davon ab, zu viele Besonderheiten in einer Bewerbung per Post zu verwenden.
h) Frau Werner empfiehlt, möglichst auffallend bunte Bewerbungen zu gestalten.

i) Besonders wichtig ist, dass eine Bewerbung klar strukturiert ist.
j) Das Bewerbungsanschreiben sollte möglichst lang sein.
k) Wörter aus der Stellenanzeige dürfen in einem Anschreiben nicht auftauchen.
l) Man kann sich auch ohne Terminabsprache persönlich vorstellen.

5 Aufgabe (3 Punkte)

In den folgenden Sätzen wird die direkte Rede verwendet.

- Notieren Sie auf Ihrem Lösungsblatt die Sätze mit Begleitsatz in indirekter Rede.
- Achten Sie auf die Zeichensetzung und die Rechtschreibung am Satzanfang.

a) „Es gilt die Devise, weniger ist mehr", sagt die Karrieretrainerin.
b) Er empfiehlt: „Ein Konditor kann zum Beispiel ein Törtchen vorbeibringen, um seine Backkunst zu demonstrieren."

6 Aufgabe (4 Punkte)

In den Sätzen a)–f) finden sich Fehler in der Getrennt- und Zusammenschreibung.

- Markieren Sie auf Ihrem Lösungsblatt die Falschschreibungen.
- Notieren Sie die richtige Schreibweise in der rechten Spalte.

a) Er rät, Akzente zusetzen.
b) Man sollte zu verlässig sein.
c) Es empfiehlt sich, alles sofort ab zu schicken.
d) Es muss nicht alles bunt sein, um ins Auge zu fallen.
e) Es muss bunt sein, um auch auf zu fallen.
f) Das ist nur eine Möglichkeit, seine Fähigkeiten darzustellen.

Teil 1: Lösungsblatt

(25 Punkte)

1 Aufgabe

(5 Punkte)

a) ein ______________________________ Schema

b) jeder, der ______________________________ sucht

c) ______________________________

d) ______________________________, sich gegenüber anderen sozial zu verhalten

e) fähig, sich in andere ______________________________

2 Aufgabe

(4 Punkte)

a) Dennoch sei es möglich, ______________________________

____

b) Wer ______________________________

____

c) Er empfiehlt, auch hier ______________________________

____

d) Statt seitenlang ______________________________

____

3 Aufgabe

(3 Punkte)

Formulierung im Text	gegenteilige Ausdrucksweise im Text
a) Bewerbung per Post (Z. 24)	
b) zu viele Extras (Z. 29)	
c) in Romanlänge (Z. 41 f.)	

4 Aufgabe

(6 Punkte)

a)	b)	c)	d)	e)	f)	g)	h)	i)	j)	k)	l)

5 Aufgabe

(3 Punkte)

a) ______________________________

____

b) ______________________________

____

____

6 Aufgabe

(4 Punkte)

Vorgaben	richtige Schreibweise
a) Er rät, Akzente zusetzen.	
b) Man sollte zu verlässig sein.	
c) Es empfiehlt sich, alles sofort ab zu schicken.	
d) Es muss nicht alles bunt sein, um ins Auge zu fallen.	
e) Es muss bunt sein, um auch auf zu fallen.	
f) Das ist nur eine Möglichkeit, seine Fähigkeiten darzustellen.	

Teil 2: Schreibaufgabe

(25 Punkte)

Situation

In einer Stellenanzeige für Ihren Beruf wird neben der fachlichen Qualifikation folgendes Anforderungsprofil genannt:

„Wenn Sie sich in ein bestehendes Team eingliedern können, gepflegte Umgangsformen haben, Arbeit nicht nur nach Anweisung verrichten wollen, sondern auch anpacken können und eine gute Auffassungsgabe haben, dann sind Sie bei uns richtig.
Wir sind ein kleines Unternehmen mit acht Mitarbeiterinnen und Mitarbeitern, die sich über eine Verstärkung freuen, um den Ansprüchen unserer Kundschaft weiterhin zur vollsten Zufriedenheit zu genügen."

Sie möchten sich um diese Stelle bewerben und entwerfen ein Dokument („Mein Profil"), in dem Sie sich in übersichtlicher Darstellung vorstellen.

Aufgabe

Entwerfen Sie den Text für dieses Dokument, das höchstens zwei Seiten lang sein sollte.
Nutzen Sie für Ihren Text die folgenden Zwischenüberschriften:

Was habe ich bisher gemacht?
Meine größten Herausforderungen
Meine Ansprüche an mich
Warum passe ich in Ihren Betrieb?

- Gehen Sie dabei auf die Anforderungen in der Stellenausschreibung ein.
- Orientieren Sie sich bei dem Punkt „Wer bin ich?" an der Struktur der beiden im Text genannten Beispiele (Z. 57–61). Fügen Sie Ihr Alter und den Stand Ihrer Ausbildung hinzu.
- Beim Punkt „Was habe ich bisher gemacht?" können Sie in verständlichen Stichworten statt in ganzen Sätzen schreiben – wie im Berichtsheft.
- Schreiben Sie klar verständlich, in eigenen Worten und fehlerfrei.

Teil 2: Lösungsblatt

Mein Profil

Wer bin ich?

____

- ______________________
- ______________________
- ______________________

Schreiben Sie auf einem zusätzlichen Blatt weiter.

Material

Probleme in der Ausbildung

[...] Jährlich werden tausende von Ausbildungsverträgen wieder gelöst. Für den Ausbildungsbetrieb bedeutet dies hohe Kosten, verlorene Energie und Zeit. [...] Auch für die Jugendlichen bedeutet ein Ausbildungsabbruch verlorengegangene Zeit und Kraft und zieht oft einen Motivationsknick nach sich, der sich auf die Leistungsbereitschaft und das Lernvermögen negativ auswirken kann. [...]

Der Beginn der Ausbildung ist für Jugendliche ein bedeutender Schritt im Prozess des Erwachsenwerdens. Neben den fachlichen Anforderungen, die in Betrieb und Schule auf die Auszubildenden zukommen, gilt es auch, mit Vorgesetzten, Kollegen und anderen Auszubildenden zurechtzukommen [...]. Meist funktioniert dies reibungslos, es gibt jedoch auch Fälle, in denen es zu Störungen des Ausbildungsverhältnisses kommt, weil sich die beiderseitigen Vorstellungen von Rechten und Pflichten aus dem Ausbildungsvertrag nicht decken.

Die häufigsten Gründe für Konflikte sind Unpünktlichkeit oder Fehltage, Unzuverlässigkeit, schlechte Leistungen in der Berufsschule oder mangelhaftes Führen der Berichtshefte durch die Auszubildenden. Ein sehr großes Problem ist jedoch die mangelnde Kommunikation auf beiden Seiten. Ausbildende und Auszubildende sind enttäuscht voneinander, weil sie ihre jeweiligen Erwartungen an den Anderen nicht erfüllt sehen. Die Gründe hierfür können mitunter schnell erkennbar sein, zum Beispiel bei Verstößen gegen gesetzliche oder vertragliche Pflichten. Häufig beruhen Konflikte aber auch auf Missverständnissen oder Unverständnis dem Anderen gegenüber. Dadurch werden Probleme und Demotivation nicht erkannt, Emotionen schaukeln sich gegenseitig hoch und die Situation spitzt sich immer weiter zu, bis schließlich der Ausbildungsabbruch droht. [...]

Mit den meisten Azubis gibt es keine ernsthaften Schwierigkeiten. Einige benötigen aber ab und an einen deutlichen Hinweis. Entscheidend ist dabei, dass alle Ausbildungsverantwortlichen einheitlich handeln und ihre Erwartungen deutlich formulieren. Dazu gehören auch Ermahnungen, nötigenfalls gar Abmahnungen und im schlimmsten Falle die Aufhebung des Ausbildungsvertrages. Meist kündigen sich ernsthafte Konflikte lange genug vorher an. Häufige Kurzerkrankungen oder das unentschuldigte Fehlen in der Berufsschule sind ernst zu nehmende Frühwarnsignale, auf die umgehend reagiert werden sollte.

Eine weitere Maßnahme zur Prävention oder Verbesserung von Konflikten im Betrieb sind regelmäßige Gespräche zwischen Ausbilder und Auszubildendem, die neben einem Feedback auch Zielvereinbarungen umfassen können. Durch die gemeinsame Erarbeitung von Ausbildungszielen, die auch Unternehmensziele einschließen, fühlen sich die Auszubildenden in den Unternehmensprozess stärker eingebunden. Als Ergebnis hat diese Maßnahme ein gesteigertes Verantwortungsgefühl gegenüber dem Betrieb und eine höhere Motivation der Auszubildenden zum Ziel. Seminare für verhaltensauffällige Auszubildende können eine Hilfe sein. Durch ein Persönlichkeitstraining lernen Auszubildende, besser zusammenzuarbeiten und ihre Konflikte zu bewältigen, indem sie den richtigen Umgang mit schwierigen Situationen üben. [...]

Manchmal kann es trotz gemeinsamer Bemühungen (z.B. mit Gesprächen) dazu kommen, dass der Ausbildungsbetrieb und der Auszubildende keinen Konsens finden. Bevor aber ein Ausbildungsvertrag vorzeitig gelöst wird, sollten Sie die Bildungsberater der IHK [...] hinzuziehen. Manchmal lassen sich Konflikte einfacher lösen, wenn eine (neutrale) dritte Person sich die Situation von außen anschaut.

(https://www.karlsruhe.ihk.de/Ausbildung_und_Weiterbildung/Ausbildung/AusbildungsABC/Probleme_Konflikte/2462196, zuletzt abgerufen am 07.12.2017)

Worterklärungen

Z. 55 die Prävention: die Vorbeugung
Z. 76 der Konsens: die Übereinstimmung

Teil 1: Textverständnis und Sprachgebrauch (25 Punkte)

1 Aufgabe (6 Punkte)

Entscheiden Sie, welche der folgenden Aussagen sich nicht aus dem Text ableiten lassen.

- Markieren Sie die falschen Aussagen a) – i) auf Ihrem Lösungsblatt mit einem „f“.
- Für jede korrekte Markierung erhalten Sie einen Punkt.
- Eine falsche Markierung führt zu einem Punktabzug.

a) Die Auflösung des Ausbildungsvertrages bedeutet hohe Kosten für die Jugendlichen.
b) Zu den häufigsten Gründen für Konflikte zählt die mangelnde Kommunikation auf beiden Seiten.
c) Konflikte beruhen häufig auch auf Missverständnissen.
d) Mit den meisten Auszubildenden gibt es keinerlei Schwierigkeiten.
e) Alle Beteiligten sollten einheitlich handeln.
f) Regelmäßige Gespräche zwischen Ausbilder und Auszubildendem sollen Konflikte verhindern oder verbessern.
g) Seminare für verhaltensauffällige Auszubildende sind auf jeden Fall eine Hilfe.
h) Oft finden Auszubildende und Ausbildungsbetrieb keinen Konsens.
i) Konflikte können mitunter einfacher gelöst werden, wenn man eine andere Person hinzuzieht.

2 Aufgabe (3 Punkte)

Ihr Arbeitskollege versteht einige Begriffe im Text nicht.

- Erklären Sie ihm die Begriffe a) – c).
- Benutzen Sie dabei nicht die unterstrichenen Bestandteile.
- Notieren Sie jeweils einen ganzen Satz auf Ihrem Lösungsblatt.

a) Motivations<u>knick</u> (Z. 7)
b) Lern<u>vermögen</u> (Z. 8)
c) verhaltens<u>auffällig</u> (Z. 67)

3 Aufgabe (3 Punkte)

Ihr Arbeitskollege kennt zwar alle Wörter, versteht aber den Sinn der folgenden Sätze nicht.

- Erklären Sie ihm die Sätze, indem Sie die Satzanfänge auf Ihrem Lösungsblatt ergänzen.
- Benutzen Sie dabei nicht die unterstrichenen Begriffe.

a) […] <u>Emotionen schaukeln</u> sich gegenseitig <u>hoch</u> […]. (Z. 37 f.)
b) […] die Situation <u>spitzt sich</u> immer weiter <u>zu</u> […]. (Z. 38 f.)

4 Aufgabe (4 Punkte)

Im Text werden zwei Maßnahmen näher erläutert, die Probleme verringern können.
a) regelmäßige Gespräche zwischen Ausbilder und Auszubildendem
b) Seminare für verhaltensauffällige Auszubildende

- Notieren Sie zu jeder Maßnahme zwei im Text aufgeführte mögliche Folgen.
- Schreiben Sie diese in Stichworten auf Ihr Lösungsblatt.

5 Aufgabe (2 Punkte)

Formulieren Sie zwei Argumente, die den Abschlusssatz des Textes stützen: „Manchmal lassen sich Konflikte einfacher lösen, wenn eine (neutrale) dritte Person sich die Situation von außen anschaut.“

- Notieren Sie ganze Sätze auf Ihrem Lösungsblatt.

6 Aufgabe (2 Punkte)

Setzen Sie die folgenden Sätze in die indirekte Rede.

- Benutzen Sie immer den Konjunktiv.
- Ergänzen Sie die Satzanfänge auf Ihrem Lösungsblatt.

a) „Der Beginn der Ausbildung ist für Jugendliche ein bedeutender Schritt."
b) „Die häufigsten Gründe für Konflikte sind Unpünktlichkeit oder Fehltage."

7 Aufgabe (5 Punkte)

Schreiben Sie auf dem Lösungsblatt die fünf Wörter richtig, die in dem folgenden Online-Kommentar falsch geschrieben sind.

„Ich finde es gut, das im Text erwähnt wird, dass man mehr miteinander reden sollte. Dies hat mir in meiner Ausbildung gefehlt. Ich mußte immer Weissungen folgen, die ich oft nicht verstanden habe. Auch war mir oft nicht klar, was meine Tätigkeit mit meinem zukünftigen Beruf zu tun hatte. Ich habe aber meine Ausbildung nicht abgebrochen, auch wenn sie oft nicht spassig war. Man muss eben Biß zeigen."

Teil 1: Lösungsblatt

(25 Punkte)

1 Aufgabe (6 Punkte)

a)	b)	c)	d)	e)	f)	g)	h)	i)

2 Aufgabe (3 Punkte)

a) Erklärung:	
b) Erklärung:	
c) Erklärung:	

3 Aufgabe (3 Punkte)

a) Dies bedeutet, dass ______________________________

b) Damit ist gemeint, dass ______________________________

4 Aufgabe (4 Punkte)

a) ______________________________

____

b) ______________________________

____

5 Aufgabe (2 Punkte)

1. Argument: ______________________________

____

2. Argument: ______________________________

____

6 Aufgabe (2 Punkte)

a) Im Text wird behauptet, dass ______________________________

b) Die häufigsten Gründe ______________________________

7 Aufgabe (5 Punkte)

____

Teil 2: Schreibaufgabe

(25 Punkte)

Situation

Ein Arbeitgeber, der sehr viele Ausbildungsplätze anbietet, will seine neuen Auszubildenden besser auf die Ausbildung im Betrieb vorbereiten. Dazu lässt er eine kleine Broschüre erstellen, in der ehemalige Auszubildende ihre Erfahrungen schildern. Das Ziel der Broschüre soll sein, dass die neuen Auszubildenden sich darauf einstellen, dass nicht immer alles glatt geht und sie manchmal auch Schwierigkeiten überwinden müssen.

Aufgabe

Schreiben Sie einen Beitrag für diese Broschüre, in dem Sie Ihre persönlichen Erfahrungen mit Schwierigkeiten in Ihrer Ausbildung schildern. Beschreiben Sie, wie Sie diese Schwierigkeiten überwunden haben und warum es sich gelohnt hat. Schließen Sie Ihren Beitrag, der höchstens 2 Seiten lang sein sollte, mit Ratschlägen für die „Neuen".

- Benutzen Sie dazu diejenigen Zwischenüberschriften, die zu Ihrem Beitrag passen.
- Schreiben Sie so, dass auch Auszubildende, die Ihren Betrieb und Ihre Ausbildung nicht kennen, alles verstehen können.
- Schreiben Sie anschaulich, indem Sie eigene Beispiele beschreiben.
- Schreiben Sie sachlich, klar und fehlerfrei.

Zwischenüberschriften:
Ich und mein Ausbildungsberuf
Das fiel mir am Anfang meiner Ausbildung sehr schwer
Einmal hätte ich meine Ausbildung fast vorzeitig beendet
(oder: Warum ich meine Ausbildung nie vorzeitig beenden wollte)
Was mir half, meine Ausbildung zu Ende zu führen
Meine Ratschläge an euch

Teil 2: Lösungsblatt

Ich und mein Ausbildungsberuf

Schreiben Sie auf einem zusätzlichen Blatt weiter.

Material

Werner Bartens

Lob des Lobes

Karaoke-Abend am letzten Tag des Feriencamps. Die Neunjährige stampft auf die improvisierte Bühne. Kaum erklingen die ersten Töne, stürmt die Mutter verzückt nach vorn und nimmt die Darbietung mit dem Handy auf. Wie sie strahlt, wie sie im Rhythmus mittanzt! Als die Mutter kurz das Handy sinken lässt, fordert sie von den andern Zuhörern Beifall. Kaum ist das Lied beendet, umarmt sie ihre Tochter, als wäre diese gerade aus höchster Seenot gerettet worden. „Toll hast du das gemacht, meine Süße, gaaanz, gaaanz großartig. Ich bin stolz auf dich!"
Wer hier nicht familiär involviert ist und also befangen, muss feststellen: Das Kind hat den Text gelangweilt abgelesen. Stockend und fehlerhaft, aber immerhin bis zum Ende. Unter uns: Das kriegen Drittklässler schon mal hin. Es war auch kein Lied, was die Neunjährige [...] dargeboten hat, sondern ein eher nöliges Aufsagen. [...]

Nun ist überhaupt nichts dagegen einzuwenden, sein Kind und überhaupt seine Mitmenschen aufmerksam wahrzunehmen und häufiger zu loben. Das tut gut, ist Honig für die Seele und passiert viel zu selten! Trotzdem fühlt es sich so oft so falsch an. Man muss nicht jeden schiefen Ton auf der Geige frenetisch feiern oder das bunte Gekritzel gleich für die Skizzen des nächsten Picasso halten, nur weil es vom eigenen Nachwuchs stammt. Wer einmal ein Kindergarten- oder Schulfest miterlebt hat, bei dem die Kleinen etwas aufgeführt oder ihre Mal- und Bastelarbeiten ausgestellt haben, denkt mit Grauen an die übertriebenen Beifallsstürme und die ekstatische Lobhudelei vieler Eltern zurück. [...]

„Pauschales Dauerloben ist eine Form der Vernachlässigung durch Verwöhnen", sagt Peter Henningsen, Chefarzt für Psychosomatik an der Technischen Universität München. Er hat von Berufs wegen viel mit Menschen zu tun, die krank werden, weil sie sich nicht genug wertgeschätzt fühlen und ihr Tun daher für nichtig und wirkungslos halten. „Das Gegenteil von Dauerlob ist natürlich auch nicht gut: Pauschales Dauertadeln, das in emotionalen Missbrauch übergehen kann." Irgendwo dazwischen liegt der goldene Mittelweg. Welcher Arbeitnehmer würde schließlich nicht sofort in die Klage einstimmen, wirklich noch nie von seinem Chef gelobt worden zu sein?

Schließlich gilt Lob überall auf der Welt als Zeichen für Anerkennung, Wertschätzung, Achtsamkeit. Wer gelobt wird, fühlt sich bestätigt, das Selbstwertgefühl steigt, die Laune sowieso – lauter Premium-Gefühle. Wer Positives über sich hört, fühlt sich geborgen und als Teil der Gruppe akzeptiert. Dass dieses soziale Bedürfnis regelmäßig erfüllt wird, ist ebenso wichtig fürs Überleben wie ausreichend Nahrung, Schlaf und Sauberkeit. Das heißt im Umkehrschluss: Wenn Menschen kein Lob erhalten, leisten sie auch weniger. Es gilt: Wertschöpfung durch Wertschätzung. [...]

Aber Lob ist kein Allheilmittel, es stumpft schnell ab. „Lob sollte vor allem dann gegeben werden, wenn Standards erreicht wurden, für die man sich wirklich anstrengen musste. Für etwas, das einem nicht in den Schoß fiel", sagt Dieter Frey, Sozialpsychologe an der Ludwig-Maximilians-Universität München. „Wird jegliches Verhalten gelobt, kann der Empfänger nicht mehr erkennen, was das Außergewöhnliche ist, er wird mittelmäßige Leistungen schon als toll empfinden und umso tiefer stürzen, wenn er mit der Realität und anderen Menschen konfrontiert wird." [...]

Deutschland ist kein Hort der Lob- und Anerkennungskultur. Eher gilt im Land der Lästerer und Schimpfer: Nicht kritisiert ist genug gelobt. Schließlich könnte Lob ja nachlässig machen. Diese Angst ist allerdings unbegründet, solange vor allem Aufwand und Anstrengung gelobt werden. So haben Wissenschaftler gezeigt, dass Schüler und Studenten es unbefriedigend finden, wenn ihre Intelligenz gelobt wird. Stehen ihr Fleiß und ihre Bereitschaft, andern zu helfen, im Mittelpunkt, freuen sie sich hingegen weitaus mehr. […]

„Oft sagen mir Führungskräfte, warum soll ich jemanden loben, mich lobt ja auch niemand", hat Frey erfahren. „Wir wissen, dass Lob an der richtigen Stelle der wichtigste Motivator ist. Allerdings gehört viel Selbstwert und Souveränität dazu, andere zu loben. Kleingeist macht klein, Großherzigkeit groß." Wer lobt, geht immerhin die Gefahr ein, dass der andere fortan selbstbewusster durchs Leben geht und zur Konkurrenz wird. Wer unsicher ist, lobt wenig und schart Mittelmaß um sich, das ist in vielen Betrieben zu beobachten. […]

Absurd ist es, wenn Chefs Noten verteilen. Das ist nach vielen Jahren Betriebszugehörigkeit kindisch, manchmal verletzend und oft der erste Schritt zur inneren Kündigung. Diese ständige Evaluation nagt am Selbstwertgefühl. […] Ähnliches gilt für Mitarbeitergespräche. Ich kann nicht von langjährigen Kollegen fordern, endlich Chinesisch zu lernen. Stattdessen lieber wiederholen, was sie gut gemacht und wo sie einen Beitrag zum Ganzen geleistet haben. Wenn das Jahresgespräch als Farce empfunden wird, hilft Humor und trotzdem zu reflektieren, was gut lief. Bei alledem ist ein wertschätzender Umgang entscheidend. Ein solches Klima ist mindestens so wichtig wie Lob selbst. […]

(Süddeutsche Zeitung, 06./07.05.2017)

Worterklärungen

Z. 1 Karaoke: Jemand singt ein bekanntes Stück, meist einen Popsong, zur Originalbegleitung.

Z. 19 nölig: schwerfällig, behäbig

Z. 28 Picasso: weltberühmter spanischer Maler und Grafiker

Z. 38 die Psychosomatik: eine Wissenschaft, die den Zusammenhang zwischen körperlicher und seelischer Erkrankung erforscht

Z. 105 die Evaluation: die Bewertung

Z. 111 eine Farce: ein lächerliches Schauspiel

Teil 1: Textverständnis und Sprachgebrauch (25 Punkte)

1 Aufgabe (6 Punkte)

Entscheiden Sie, welche der folgenden Aussagen sich eindeutig aus dem Text ableiten lassen.

- Markieren Sie die richtigen Aussagen a) – j) auf Ihrem Lösungsblatt mit einem „r".
- Für jede korrekte Markierung erhalten Sie einen Punkt.
- Eine falsche Markierung führt zu einem Punktabzug.

a) Der Autor meint, dass es Arbeitnehmer gebe, die behaupteten, sie seien noch nie von ihrem Chef gelobt worden.
b) Wenn man ständig gelobt oder ständig getadelt wird, kann das negative Folgen haben.
c) Fehlendes Lob vermindert die Leistung.
d) Wer gelobt wird, bringt nur noch mittelmäßige Leistungen.
e) Lob sollte man nur für das bekommen, was man selbst hart erarbeitet hat.
f) Der Autor zeigt eine Sympathie für die Redensart: Nicht getadelt ist genug gelobt.
g) Jeder freut sich, wenn er für seine Intelligenz gelobt wird.
h) Wer andere lobt, riskiert, dass der Gelobte selbstsicherer und zum Rivalen wird.
i) Der Autor sagt, dass Führungskräfte niemanden loben, weil sie selbst nicht gelobt würden.
j) Der Autor stuft einen wertschätzenden Umgang miteinander genauso hoch ein wie Lob.

2 Aufgabe (2 Punkte)

Im Text wird gesagt, was Lob dem anderen signalisiert.

- Notieren Sie dies auf dem Lösungsblatt.
- Geben Sie die Zeile an, in der diese Information zu finden ist.

3 Aufgabe (3 Punkte)

Einige Begriffe im Text sind schwer verständlich.

- Erklären Sie die Begriffe a) – c).
- Benutzen Sie dabei nicht die unterstrichenen Wörter.

a) die <u>improvisierte</u> Bühne (Z. 2)
b) familiär <u>involviert</u> (Z. 13)
c) <u>Premium</u>-Gefühle (Z. 55)

4 Aufgabe (3 Punkte)

Zitieren Sie auf Ihrem Lösungsblatt jeweils die Textstelle, die man als Beleg für die Aussagen a) – c) anführen kann.

- Achten Sie auch auf die korrekte Zitierweise (richtige Textwiedergabe, Anführungszeichen, Zeilenangabe).

a) Lob verursacht positive Gefühle.
b) Man sollte jemanden nicht dauernd loben, sonst verliert das Lob seine Wirkung.
c) Wenn man ständig bewundert wird, kann das negative Auswirkungen haben.

5 Aufgabe (1 Punkt)

Erklären Sie auf Ihrem Lösungsblatt in knapper Form, was unter dem Satz zu verstehen ist:
„Deutschland ist kein <u>Hort</u> der Lob- und Anerkennungs<u>kultur</u>."

- Benutzen Sie dabei nicht die unterstrichenen Wörter.
- Führen Sie den angefangenen Satz auf Ihrem Lösungsblatt fort.

6 Aufgabe

(1 Punkt)

Schreiben Sie den folgenden Satz um, ohne den Sinn zu verändern.

„Pauschales Dauerloben ist eine Form der Vernachlässigung durch Verwöhnen." (Z. 36 f.)

- Wandeln Sie dabei den Nominalstil (Häufung von Substantiven / Nomen) in Verbalstil (Häufung von Verben) um.
- Notieren Sie den Satz auf dem Lösungsblatt.

7 Aufgabe

(4 Punkte)

Den folgenden Behauptungen des Verfassers kann man bestimmte Schlussfolgerungen zuordnen.

- Ordnen Sie auf Ihrem Lösungsblatt den Behauptungen 1) – 4) je eine passende Schlussfolgerung a) – d) zu.
- Für jede richtige Zuordnung erhalten Sie einen Punkt.

Behauptungen

1) Lob sei „Honig für die Seele", behauptet der Verfasser.
2) Es sei schlecht, jemanden dauernd zu loben, wie es auch schlecht sei, dauernd jemanden zu tadeln.
3) Wenn jemand bei jeglichem Verhalten gelobt werde, erkenne der Gelobte nicht mehr, wann er etwas Besonderes geleistet hat.
4) Wertschätzung zu erfahren, sei ein Grundbedürfnis des Menschen.

Schlussfolgerungen

a) Man müsse einen Mittelweg finden.
b) Wenn man sie dem anderen entgegenbringt, wird er auch zu höherer Leistung angespornt.
c) Es sei also richtig, seine Mitmenschen häufiger zu loben.
d) Der Gelobte werde dann schon Durchschnittliches als etwas Außergewöhnliches empfinden und keine realistische Einschätzung entwickeln.

8 Aufgabe

(5 Punkte)

Die folgenden Begriffe sind falsch geschrieben.

- Leiten Sie aus dem Text „Lob des Lobes" ab, wie man diese schreiben muss.
- Notieren Sie die Begriffe korrekt auf dem Lösungsblatt.

a) minderwertigkeits Gefühl
b) Otto Hahn institut
c) Schul und berufsausbildung
d) Mittel mäßig
e) das außer Ordentliche

Teil 1: Lösungsblatt

(25 Punkte)

1 Aufgabe

(6 Punkte)

a)	b)	c)	d)	e)	f)	g)	h)	i)	j)

2 Aufgabe

(2 Punkte)

Lob signalisiert	Zeile(n)

3 Aufgabe

(3 Punkte)

a)	Erklärung:
b)	Erklärung:
c)	Erklärung:

4 Aufgabe

(3 Punkte)

Textstelle	Zeile(n)
a)	
b)	
c)	

5 Aufgabe (1 Punkt)

Deutschland ist kein Land, in dem ______________________________

____

____

6 Aufgabe (1 Punkt)

Umformulierung: ______________________________

____

____

7 Aufgabe (4 Punkte)

Behauptung	1)	2)	3)	4)
Schlussfolgerung				

8 Aufgabe (5 Punkte)

Korrekte Schreibweise	Vorlage im Text
a)	
b)	
c)	
d)	
e)	

Teil 2: **Schreibaufgabe**

(25 Punkte)

Situation

Sie haben erfahren, dass der im Zeitungstext erwähnte Sozialpsychologe Dieter Frey für seine Forschung junge Arbeitnehmer sucht, die ihm berichten, wie in ihrem Unternehmen mit Lob umgegangen wird.
Er möchte wissen,
- wie häufig,
- bei welchen Gelegenheiten und
- wie gelobt wird (in Worten, mit Gesten, materiell).

Er möchte auch wissen,
- wie Sie das Maß des Lobes einschätzen und
- wie Sie sich im Unternehmen wertgeschätzt fühlen.

Sie beschließen, Herrn Frey aus Ihrer Erfahrung zu berichten und auf alle seine Anliegen einzugehen.

Aufgabe

Schreiben Sie eine E-Mail (max. 2 Seiten) an Herrn Frey, den Sie persönlich nicht kennen.
Die Adresse lautet: unid.frey@xyzmail.de
- Füllen Sie den Kopf der E-Mail aus.
- Nennen Sie den Anlass Ihres Schreibens und stellen Sie sich kurz vor.
- Gehen Sie in übersichtlicher, strukturierter Form auf jedes Anliegen von Herrn Frey ein.
- Nennen Sie auch konkrete Beispiele.
- Schreiben Sie sachlich, klar und fehlerfrei.

Teil 2: **Lösungsblatt**

Von:	
An:	
Betreff:	

____

____

____

____

____

____

Schreiben Sie auf einem zusätzlichen Blatt weiter.

Material 1

Eva Wolfangel

Der Umgang mit Hassbotschaften ist schwierig

Neben Falschmeldungen ist der zunehmend raue Ton im Netz ein Thema, das viele bewegt. Offensichtlich fühlen sich manche in der Anonymität so sicher, dass sie nicht nur andere Nutzer beleidigen, sondern sie auch verleumden oder gegen sie hetzen – manche Kommentare sind gar ein Fall für die Staatsanwaltschaft. Ähnlich wie bei den Falschmeldungen ist auch hier das Phänomen inzwischen so verbreitet, dass es kaum möglich ist, seiner mit rein manuellen Methoden Herr zu werden. Manche Webseiten-Betreiber schalten ihre Kommentar-Funktion schlicht ab, weil sie nicht hinterherkommen, die Beiträge zu prüfen, und nicht gewährleisten können, dass zumindest jene gelöscht werden, die die Grenzen des Gesetzes überschreiten.

Computerlinguisten waren bis vor Kurzem mehrheitlich skeptisch, ob die automatische Hasserkennung eine Zukunft hat. Es gab etliche Versuche, aber sie trafen im Ergebnis oft die Falschen, nämlich genau jene, die die Hassbotschaften konterten: Die automatische Analyse basierte zu sehr auf Schlüsselwörtern, die beide Seiten benutzen. Mit dem Aufstieg des „Deep Learning" könnte sich das ändern: Diese künstlichen, neuronalen Netze sind besonders gut darin, Satzstrukturen und Zusammenhänge zu erkennen. Yahoo präsentierte Mitte 2016 eine Studie, die als Durchbruch gesehen werden kann: Der Konzern trainierte einen Algorithmus mit mehreren Millionen von Menschen markierten Datensätzen. Sie bestanden aus Kommentaren im Netz und dem Urteil der Nutzer, ob es sich dabei um Hassrede handelt oder nicht. Das System lernte daraus, Hasskommentare zu erkennen, und ordnete schließlich 90 Prozent der neuen Kommentare richtig zu: Yahoo überprüfte das erneut mit einer menschlichen Kontrollgruppe, die der Konzern über Amazons Mechanical Turk – ein Online-Marktplatz für Gelegenheitsarbeiten – anheuerte.

Ist das die Basis dafür, Hatespeech künftig automatisch zu löschen? „Das darf kein Ersatz für die menschliche Moderation sein", sagt Sebastian Köffer, aber es könne helfen: Der Wirtschaftsinformatiker der Uni Münster hat mit Studenten „Cyberhatemining.de" entwickelt, ein System für die deutsche Sprache. Der Großteil der Forschung in diesem Bereich läuft bisher auf der Basis englischer Sprache. Die Gruppe um Köffer ließ Nutzer 12000 Kommentare zur Flüchtlingsdebatte bewerten und trainierte damit ihren Algorithmus. 70 Prozent der Beiträge identifizierte dieser anschließend richtig. Das sei im Grunde aber nicht mehr als ein Beleg dafür, dass das Konzept funktionieren könnte, sagt Köffer – schließlich sind 30 Prozent falsch eingeordnete Kommentare immer noch eine ganze Menge. Man habe viel zu wenige Trainingsdaten und kaum repräsentative Nutzer gehabt, erklärt Köffer – auf dieser Basis seien 70 Prozent Trefferquote schon recht gut. Deshalb ist der Informatiker überzeugt, dass Computer Hasskommentare in Zukunft recht sicher entdecken können. Dennoch müsse diese Auswahl nach wie vor von Menschen überprüft werden, um sicherzugehen, dass keine Missverständnisse vorliegen und gar das Falsche gelöscht wird. Zudem seien solche Systeme anfällig für Manipulation: Mit den entsprechenden Trainingsdaten könnten sie lernen, bestimmte Meinungen herauszufiltern.

Allerdings tobt im Netz derzeit ein Shitstorm gegen jede Art des Löschens – ob von Falschmeldungen oder Hassreden. Viele Nutzer halten das für Zensur. Hat Köffer selbst keine Angst, an den netzöffentlichen Pranger gestellt zu werden? „Die Gefahr besteht schon, wenn wir etwas bekannter werden", räumt der Wissenschaftler ein, „und ich bin selbst ein Gegner von Löschung." Aber er sehe aktuell keine andere Lösung. Das System, das ihm vorschwebt, sei im Zweifel transparenter und weniger beliebig als die aktuelle Praxis, bei der häufig Praktikanten in Redaktionen entscheiden müssen, welche Kommentare zu löschen und welche noch in Ordnung sind. Die Frage sei nicht, ob so ein System hundert Prozent zuverlässig ist, sagt Köffer, sondern: „Ist es besser als der aktuelle Moderationsprozess?"

(Stuttgarter Zeitung, 18./19.02.2017)

Worterklärungen

Z. 17 Computerlinguisten: Wissenschaftler, die sprachliche Gesetzmäßigkeiten untersuchen und auf dieser Grundlage Computerprogramme entwickeln, die Sprache verstehen und produzieren können
Z. 24 Deep Learning: die Fähigkeit von Computern, aus Erfahrung zu lernen
Z. 25 f. neuronal: Netze, die so verzweigt sind wie das Nervensystem
Z. 30 ein Algorithmus: eine systematische Vorgehensweise zur Lösung eines Problems
Z. 39 Mechanical Turk: Online-Vermittlungsplattform für digitale Arbeit
Z. 72 ein Shitstorm: eine heftige Welle von Empörung und Kritik in den sozialen Netzwerken

Material 2

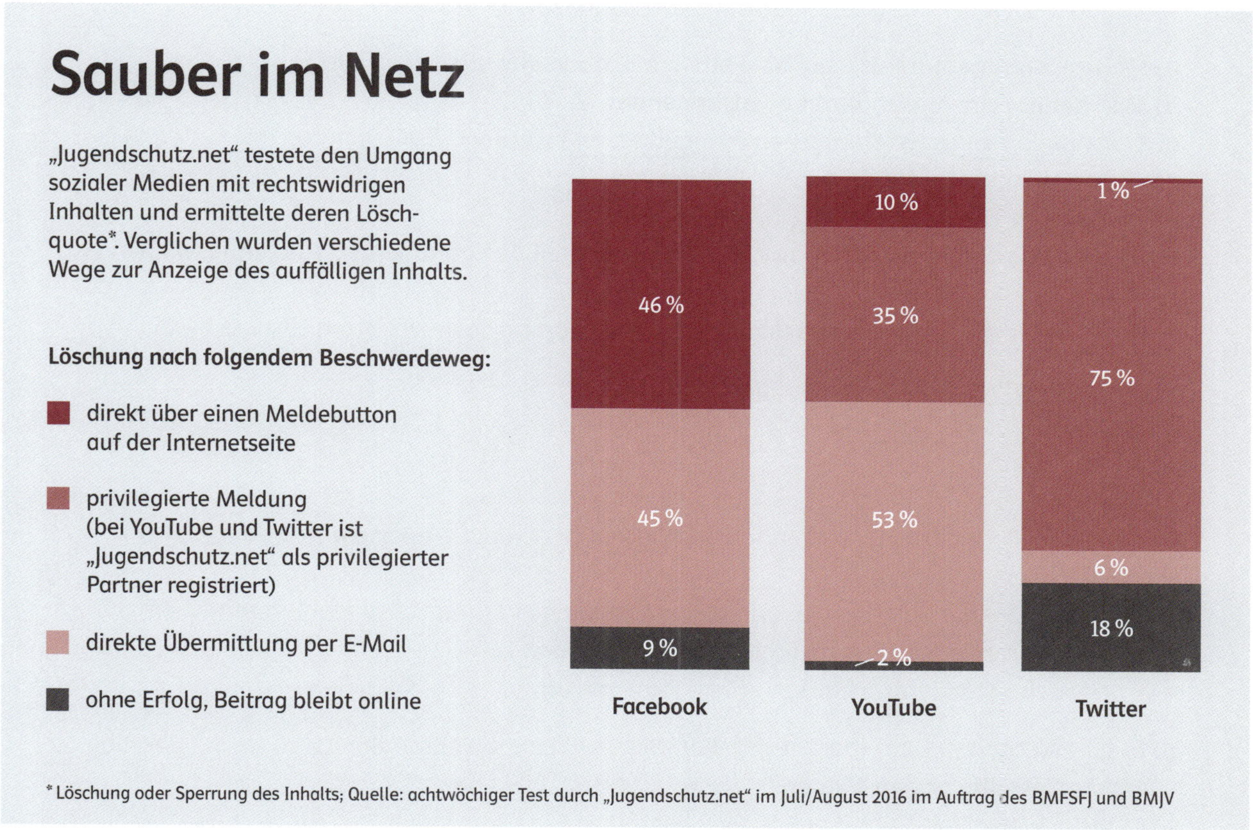

(DER SPIEGEL, 52/2016, S. 44)

Erklärungen

privilegierter Partner:	eine unabhängige Einrichtung, die über Beschwerden entscheidet
BMFSFJ	Bundesministerium für Familie, Senioren, Frauen und Jugend
BMJV	Bundesministerium für Justiz und Verbraucherschutz

Teil 1: Textverständnis und Sprachgebrauch (25 Punkte)

1 Aufgabe (4 Punkte)

Erklären Sie die folgenden Wörter.

- Notieren Sie die Erklärungen (Stichworte genügen) auf Ihrem Lösungsblatt.

a) Anonymität (Z. 3 f.) **b)** kontern (Z. 22) **c)** Hatespeech (Z. 42) **d)** transparent (Z. 82)

2 Aufgabe (3 Punkte)

Einige Ihrer Mitschüler haben Probleme, die folgenden Sätze zu verstehen, weil ihnen die unterstrichenen Begriffe nicht klar sind. Sie wollen ihnen helfen.

- Formulieren Sie die Sätze so um, dass man sie besser versteht.
- Verwenden Sie nicht die unterstrichenen Wörter.
- Notieren Sie Ihre Formulierungen auf dem Lösungsblatt.

a) Manche Kommentare sind gar <u>ein Fall für</u> die Staatsanwaltschaft. (Z. 6 f.)
b) Man habe kaum <u>repräsentative</u> Nutzer gehabt. (Z. 60)
c) Er könnte <u>an den</u> netzöffentlichen <u>Pranger gestellt</u> werden. (Z. 76)

3 Aufgabe (2 Punkte)

Finden Sie aus dem Textzusammenhang eine gegenteilige Formulierung zum unterstrichenen Wort.

- Notieren Sie die Formulierung und eine kurze Erklärung dazu auf Ihrem Lösungsblatt.

a) die <u>automatische</u> Hasserkennung (Z. 18 f.)
b) Sie halten das für <u>Zensur</u>. (Z. 74 f.)

4 Aufgabe (8 Punkte)

Entscheiden Sie, welche der folgenden Aussagen sich eindeutig aus dem Text (Material 1) ableiten lassen.

- Markieren Sie die Nummern der richtigen Aussagen auf Ihrem Lösungsblatt mit einem „r".
- Für jede korrekte Markierung erhalten Sie einen Punkt.
- Eine falsche Markierung führt zu einem Punktabzug.

a) Es gibt Webseiten-Betreiber, die ihre Kommentar-Funktion abschalten, weil sie die Beiträge nicht rechtzeitig prüfen können.
b) Manche Webseiten-Betreiber können gesetzeswidrige Kommentare nicht löschen.
c) Mit Hilfe von Computern lassen sich auch Satzstrukturen und Textzusammenhänge erkennen.
d) Der Konzern Yahoo trainierte einen Algorithmus mit einer Million Datensätzen.
e) Die Datensätze wurden automatisch erstellt.
f) Grundlage der Datensätze waren Netzkommentare und deren Beurteilung durch die Nutzer.
g) Neue Kommentare konnte das Computersystem nach dem Training bis auf einen Rest von 10 Prozent richtig zuordnen.
h) Eine menschliche Kontrollgruppe fand heraus, dass das System zu 90 Prozent richtige Ergebnisse lieferte.
i) Laut Sebastian Köffer sollten Hasskommentare in Zukunft automatisch gelöscht werden.
j) Ein System, mit dem Hassbotschaften erkannt werden können, gibt es nur auf der Grundlage der englischen Sprache.
k) An der Uni Münster wurde ein Algorithmus mit der Bewertung von Kommentaren zur Flüchtlingsdebatte trainiert.

l) Nach Meinung von Herrn Köffer werden Computer in Zukunft Hassbotschaften recht gut erkennen können.
m) Herr Köffer wird zitiert mit der Aussage, dass er die Löschung von Kommentaren im Netz ablehne.
n) Die aktuelle Praxis der Erkennung und gegebenenfalls Löschung von Kommentaren ist laut Herrn Köffer transparent.

5 Aufgabe (3 Punkte)

Entscheiden Sie, welche Informationen sich aus der Grafik (Material 2) eindeutig ableiten lassen.

- Markieren Sie die Nummern der richtigen Informationen auf Ihrem Lösungsblatt mit einem „r".
- Für jede korrekte Markierung erhalten Sie einen Punkt.
- Eine falsche Markierung führt zu einem Punktabzug.

a) In einem 8-wöchigen Test wurde ermittelt, wie viel Prozent der Inhalte, die gegen geltendes Recht verstoßen, bei drei ausgewählten sozialen Medien nicht gelöscht oder gesperrt wurden.
b) Bei Twitter wurde im Vergleich zu Facebook und YouTube in der Testphase die größte Anzahl an Beiträgen gelöscht, gegen die Beschwerde eingelegt wurde.
c) Bei Facebook beschwerten sich die meisten Nutzer direkt per E-Mail.
d) Von den drei getesteten sozialen Medien hat YouTube die meisten beanstandeten Inhalte gelöscht oder gesperrt.
e) Ein Prozent der Beiträge bei Twitter wurden gelöscht oder gesperrt, nachdem in der Untersuchungsphase eine Beschwerde per Meldebutton eingegangen war.

6 Aufgabe (2 Punkte)

Im Text (Material 1) heißt es:
Man habe viel zu wenige Trainingsdaten und kaum repräsentative Nutzer gehabt, erklärt Köffer – auf dieser Basis seien 70 Prozent Trefferquote schon recht gut. (Z. 59 – 62)

- Notieren Sie die Sätze auf Ihrem Lösungsblatt in direkter Rede.
- Achten Sie auf die korrekte Zeichensetzung.

7 Aufgabe (3 Punkte)

Ordnen Sie die unterstrichenen Schreibweisen jeweils einer Rechtschreibregel zu.

- Notieren Sie auf dem Lösungsblatt zu jeder Schreibweise a) bis e) die Ziffer der passenden Rechtschreibregel.
- Es können auch zwei Regeln zu einer Schreibweise passen.
- Eine Regel kann auch zweimal genannt werden.

a) Zusa<u>mm</u>enhänge b) Kontro<u>ll</u>gruppe c) Ha<u>ss</u>botschaften d) Gro<u>ß</u>teil e) herausf<u>i</u>ltern

Rechtschreibregeln

1 Der stimmlose s-Laut nach langem Vokal oder Diphthong wird ß geschrieben.
2 Im Deutschen sind grundsätzlich bestimmte Laute bestimmten Buchstaben zugeordnet.
3 Die Verdoppelung des Konsonanten im Wortstamm bleibt auch bei Wortzusammensetzungen erhalten.
4 Steht der s-Laut zwischen zwei Vokalen, wird er mit doppeltem s geschrieben, falls der s-Laut einem einfachen, kurzen, betonten Vokal folgt.
5 Wenn nach dem s-Laut kein Buchstabe oder ein Konsonant folgt, wird er mit doppelten s geschrieben, wenn sich das Wort verlängern oder ableiten lässt und dabei der s-Laut zwischen zwei Vokalen steht und auf einen einfachen, kurzen, betonten Vokal folgt.
6 Wenn auf einen betonten und kurz gesprochenen einfachen Vokal im Wortstamm nur ein Konsonant folgt, wird dieser Konsonant verdoppelt.

Teil 1: Lösungsblatt

(25 Punkte)

1 Aufgabe (4 Punkte)

a) ______________________________

b) ______________________________

c) ______________________________

d) ______________________________

2 Aufgabe (3 Punkte)

a) ______________________________

b) ______________________________

c) ______________________________

3 Aufgabe (2 Punkte)

a) ______________________________

b) ______________________________

4 Aufgabe (Material 1) (8 Punkte)

a)	b)	c)	d)	e)	f)	g)	h)	i)	j)	k)	l)	m)	n)

5 Aufgabe (Material 2) (3 Punkte)

a)	b)	c)	d)	e)

6 Aufgabe (2 Punkte)

Direkte Rede: ______________________________

____

7 Aufgabe (3 Punkte)

a)	b)	c)	d)	e)

Teil 2: Schreibaufgabe

(25 Punkte)

Situation

Die letzten Tarifverhandlungen wurden hart geführt, gerade in der Branche, in der Sie arbeiten. Dabei kam es in den sozialen Medien zu Beleidigungen, Hetze, Falschmeldungen und sogar Aufforderungen zum Anschlag auf das Leben von Verhandlungspartnern. Dieser aggressive Ton hat viele Betriebsangehörige schockiert und betroffen gemacht.
Der Betriebsrat Ihres Betriebes reagiert auf diese Situation und lädt die Mitarbeiter nach dem Abschluss der Tarifverhandlungen zu einer Diskussionsveranstaltung ein, auf der über den „rauen Ton" in den Medien diskutiert werden soll.
Sie sollen mithelfen, die Diskussion vorzubereiten, indem Sie ein Moderationsplakat mit den wichtigsten Diskussionspunkten erstellen. Thema der Diskussion soll sein, wie man in Zukunft derart aggressive Äußerungen und Falschmeldungen in den Medien vermeiden kann, auch wenn z. B. Tarifverhandlungen hart geführt werden.
Für die Formulierung der wichtigsten Diskussionspunkte nutzen Sie Material 1 und 2 sowie die folgende Meldung über das Netzwerkdurchsetzungsgesetz.

Bundestag verabschiedet Gesetz gegen Hasskommentare im Internet

Der Bundestag hat ein umstrittenes Gesetz beschlossen, das Online-Netzwerke zu einem härteren Vorgehen gegen Hetze und Terrorpropaganda verpflichten soll.
Mit den Stimmen von Union und SPD hat der Bundestag ein Gesetz beschlossen, das die Betreiber von sozialen Netzwerken wie Facebook, Twitter und YouTube verpflichtet, offensichtlich strafbare Inhalte innerhalb von 24 Stunden nach Eingang der Beschwerde zu löschen oder zu sperren. Beim sogenannten Netzwerkdurchsetzungsgesetz ist für nicht eindeutige Fälle eine Frist von sieben Tagen vorgesehen. Bei systematischen Verstößen drohen Strafen von bis zu 50 Millionen Euro. Die Netzwerkbetreiber werden verpflichtet, den Nutzern ein leicht erkennbares, unmittelbar erreichbares Verfahren zur Übermittlung von Beschwerden zur Verfügung zu stellen. Die sozialen Netzwerke können die Entscheidung auch an gemeinsame Einrichtungen der Plattformbetreiber abgeben, die unabhängig sein müssen. Diese müssen ebenfalls binnen sieben Tagen über die Strafbarkeit des gemeldeten Inhalts entscheiden. [...]

(http://www.zeit.de/digital/internet/2017-06/bundestag-verabschiedet-gesetz-gegen-hasskommentare-im-internet, zuletzt abgerufen am 07.12.2017)

Aufgabe

Entwerfen Sie auf einem zusätzlichen Blatt den Text für ein Plakat mit den Aspekten, die diskutiert werden sollen.

- Gestalten Sie das Plakat in übersichtlicher, strukturierter Form, sodass ersichtlich ist, was nacheinander diskutiert werden soll.
- Formulieren Sie die Diskussionspunkte als Fragen.
  Beispiel: *Welche Gründe könnten dazu geführt haben, dass es während der Tarifverhandlungen so viele Falschmeldungen und aggressive Kommentare gab?*
- Berücksichtigen Sie bei der Formulierung der Diskussionspunkte alle zur Verfügung stehenden Materialien.
- Beachten Sie auch das Problem der Löschung von Beiträgen im Netz.
- Achten Sie auf korrekten Sprachgebrauch.

Material

Peter Ilg

Ein karrierefördernder Zustand

Interview mit Dr. Hans-Günter Weeß, Leiter des Schlafzentrums Klingenmünster

[...] Wie finden Sie üblicherweise zur Ruhe?
Wenn ich mich abends entscheide, zu Bett zu gehen, entpflichte ich mich innerlich. Schalte ab von den großen und kleinen Problemen des Alltags. Gehe ins Schlafzimmer, mache Urlaub, kuschle mich in mein Kissen hinein. Ich mache mir schöne Gedanken – und irgendwann kommt der Schlaf von alleine.

Gibt es Wochentage, an denen wir schlechter schlafen als an den anderen?
Ganz Deutschland schläft von Sonntag auf Montag am schlechtesten. Das hat zwei Gründe. Zum einen gibt es in unserer Gesellschaft viele, deren Arbeitswoche nicht Montag früh bei der Arbeit, sondern sonntagabends im Bett beginnt. Wenn wir uns dort schon mit der Arbeit beschäftigen, führt das zu Anspannung. Anspannung ist der Feind des Schlafens. Zum anderen ist es so, dass man sonntags länger schläft. Wenn man abends dann zeitig ins Bett geht, war man nicht lange genug wach, sodass es an Schlafdruck mangelt.

Warum schlafen wir denn manchmal so schlecht?
Schlafstörungen haben mannigfaltige Ursachen. Sie können körperlich bedingt sein oder als Nebenwirkungen von Medikamenten auftreten sowie das Ergebnis von Fehlverhalten, wie ein zu hoher Alkoholkonsum am Abend, zu spätes Essen oder später Sport, sein. Der Hauptfaktor ist aber tatsächlich, dass viele Menschen ins Bett gehen, dort körperlich anwesend sind, aber gedanklich und emotional noch immer bei den Problemen des Alltags. Das führt zu Anspannung. Die macht wach und verhindert den Schlaf. Aus diesem Grund sind psychisch bedingte Schlafstörungen sehr häufig. Dann gibt es noch einen zweiten Grund, weshalb wir manchmal so schlecht schlafen. Es gibt Menschen, die gehen ins Bett, um zu schlafen. Und das macht wach. Das hört sich zwar paradox an, aber: Wer schlafen will, strengt sich an. Das erzeugt Druck und der führt ebenfalls zu Anspannung. Wer sich anstrengt einzuschlafen, bleibt wach.

Wie viel und welche Art von Schlaf ist gut für einen Erwachsenen?
Dafür gibt es keine allgemeingültigen Aussagen, weil das Schlafbedürfnis sich genetisch bedingt sehr unterschiedlich darstellt. Wir hatten dann genügend Schlaf, wenn wir uns morgens wach, fit, konzentrationsfähig und emotional ausgeglichen fühlen. In unserer Gesellschaft haben wir aber leider die Unsitte, dass wir den Wecker stellen. Das bedeutet: Unser Schlafprogramm mit seiner förderlichen Wirkung wird vorzeitig beendet. Wir würdigen den Schlaf zu wenig mit der Konsequenz, dass ganz Deutschland die Woche über einen Schlafmangel aufbaut. Der ist ungesund, geht mit gesundheitlichen Risiken einher, aber vor allem führt er eben zu Leistungseinschränkungen. Schule und Arbeit beginnen für zwei Drittel unserer Gesellschaft viel zu früh. Dies liegt daran, dass zwei Drittel der Menschen in Deutschland Eulen sind. Das heißt, sie können aufgrund ihres chronobiologischen Schlaf-Wach-Rhythmus am Abend nicht früh einschlafen. Eulen und Lerchen sind Kurzbezeichnungen für Schlaftypen. Die meisten Eulen gehen am liebsten zwischen 23:30 und 2:00 Uhr ins Bett und würden am liebsten morgens zwischen 7:30 und 9:30 Uhr aufstehen.

Zur Arbeit kann man aber nicht kommen, wenn man ausgeschlafen ist, sondern wenn die Arbeitszeit beginnt.
Schlaf braucht ein besseres Image. Wir leben in einer Gesellschaft, in der, wenn es darum geht, zwischen Arbeit, Freizeit und Schlaf zu entscheiden, der Schlaf immer zu kurz kommt. Mit flexibleren Arbeitszeiten ließe sich der daraus resultierende Schlafmangel reduzieren. Die Lerche darf dann ruhig früh beginnen, weil es ihr leichtfällt, morgens früh aufzustehen. Sie schläft auch abends früh, hat dann genug Schlaf gehabt. Für Eulen wäre es wichtig, dass sie später zur Arbeit gehen könnten. Das würde der deutschen Wirtschaft tatsächlich guttun, weil sie ausgeschlafenere Mitarbeiter hätte. Würde dann nachmittags

noch ein kleines Nickerchen erlaubt, wäre das ideal, weil das Nickerchen gerade in der zweiten Tageshälfte das mögliche Arbeitspensum erhöht und die Fehlerrate senkt.

Halten Sie Ihre Idee für einen pragmatischen Vorschlag, der sich umsetzen lässt?
Einfach ist das sicher nicht, weil unser Alltag vernetzt ist. Aber es gibt Modellregionen, beispielsweise in England, wo man ansatzweise meinem Gesagten nahekommt.

In der Wirtschaft hat Schlafen ein schlechtes Image. Wer viel schläft, ist ein Verlierer. Woher kommt diese Meinung?
Sie ist falsch und hat teilweise historische Gründe. In unserer Gesellschaft gilt „Morgenstund hat Gold im Mund" oder „Nur der frühe Vogel fängt den Wurm". Viele Politiker und Wirtschaftsbosse rühmen sich auch damit, mit wenig Schlaf auszukommen. Diese Leute sind Vorbilder und Meinungsbildner, was nicht vorteilhaft ist. Manche Entscheidungen, die Manager und Politiker nachts im Schlafmangel treffen, sind zumindest auch kritisch zu hinterfragen, weil Schlafmangel unsere ethisch-moralischen Grundsätze verblassen lässt.

Fördert ausgeschlafen sein beruflichen Erfolg?
Auf jeden Fall, denn mit ausreichend Schlaf sind wir leistungsfähiger, kreativer, unsere Lern- und Gedächtnisleistung ist deutlich höher im Zustand des Ausgeschlafenseins als unter Schlafmangel. Schlaf ist ein höchst karrierefördernder Zustand.

Die Fragen stellte Peter Ilg.

(Stuttgarter Zeitung, 18./19.02.2017)

Worterklärungen
Z. 48 genetisch: erblich bedingt
Z. 65 f. chronobiologisch: betrifft die zeitliche Steuerung von biologischen Vorgängen

Teil 1: Textverständnis und Sprachgebrauch (25 Punkte)

1 Aufgabe (5 Punkte)

Ihr Mitschüler Leon weiß nicht genau, was mit den folgenden Wörtern gemeint ist, und bittet Sie um Hilfe.

- Erklären Sie ihm die Wörter aus dem Textzusammenhang.
- Notieren Sie die Erklärungen auf Ihrem Lösungsblatt.

a) sich entpflichten (Z. 5)
b) Schlafdruck (Z. 23)
c) paradox (Z. 41)
d) Unsitte (Z. 53)
e) Image (Z. 75)

2 Aufgabe (6 Punkte)

Formulieren Sie den Hauptsatz a) – c) jeweils so um, dass ein Haupt- und ein Nebensatz (Relativsatz) entstehen.

- Benutzen Sie dabei nicht die unterstrichenen Wörter.
- Notieren Sie die Sätze auf Ihrem Lösungsblatt.

a) Aus diesem Grund sind psychisch bedingte Schlafstörungen sehr häufig. (Z. 36 f.)
b) Diese Leute sind Meinungsbildner. (Z. 106 f.)
c) Schlaf ist ein höchst karrierefördernder Zustand. (Z. 118 f.)

3 Aufgabe (9 Punkte)

Entscheiden Sie, welche der folgenden Aussagen sich eindeutig aus den Antworten von Dr. Weeß ableiten lassen.

- Markieren Sie die Nummern der richtigen Aussagen auf Ihrem Lösungsblatt mit einem „r“.
- Für jede korrekte Markierung erhalten Sie einen Punkt.
- Eine falsche Markierung führt zu einem Punktabzug.

a) Die Menschen in Deutschland schlafen von Samstag auf Sonntag am besten.
b) Herr Dr. Weeß behauptet, dass für viele die Arbeitswoche schon am Sonntagabend im Bett anfange.
c) Es gibt viele Gründe für Schlafstörungen.
d) Zu hoher Alkoholkonsum am Abend führt am häufigsten zu Schlafstörungen.
e) Schlafstörungen können körperliche Ursachen haben, durch falsches Verhalten oder durch Nebenwirkungen von Medikamenten auftreten.
f) Am häufigsten kommt es zu Schlafstörungen, wenn man sich im Bett noch mit Problemen beschäftigt, die man im Alltag erlebt hat.
g) Wer sich nicht anstrengt einzuschlafen, bleibt wach.
h) Laut Herrn Dr. Weeß kann man klare Aussagen darüber machen, wie groß das Schlafbedürfnis eines Menschen ist.
i) Ob man genügend Schlaf hatte, lässt sich daran messen, wie fit und ausgeglichen man am Morgen ist.
j) Schlafmangel birgt gesundheitliche Risiken.
k) Mangelnder Schlaf führt zu geringerer Leistung.
l) Ein Drittel unserer Gesellschaft fängt morgens zu früh an zu arbeiten.
m) Dem Schlaf sollte eine größere Bedeutung zukommen.
n) Schlafmangel lässt laut Herrn Dr. Weeß ethisch-moralische Grundsätze verblassen.

4 Aufgabe (2 Punkte)

Im Text werden zwei unterschiedliche Schlaftypen genannt: Eule und Lerche.

- Charakterisieren Sie stichwortartig den jeweiligen Schlaftyp.

a) Eule
b) Lerche

5 Aufgabe (3 Punkte)

In der folgenden Visualisierung sind drei Begriffe falsch, da sie nicht den Aussagen des Textes entsprechen.

- Streichen Sie auf Ihrem Lösungsblatt die drei falschen Begriffe durch.
- Notieren Sie die korrekten Begriffe jeweils rechts daneben.

Schlaf

Mangel

Folgen:
- gesundheitliche Risiken
- beschränkte Leistung
- Verblassen ethisch-moralischer Grundsätze

↓

Nutzen für deutsche Wirtschaft

kein Mangel

Folgen:
Erhöhung der
- Leistungsfähigkeit
- Flexibilität
- Lern- und Gedächtnisleistung

↓

beruflicher Erfolg

↑

Forderung:
- flexibler Arbeitsbeginn
- kleines Nickerchen am Vormittag

Teil 1: Lösungsblatt

(25 Punkte)

1 Aufgabe

(5 Punkte)

a) ____________________

b) ____________________

c) ____________________

d) ____________________

e) ____________________

2 Aufgabe

(6 Punkte)

a) Aus diesem Grund sind ____________________

____

b) Diese Leute sind ____________________

c) Schlaf ist ____________________

3 Aufgabe

(9 Punkte)

a)	b)	c)	d)	e)	f)	g)	h)	i)	j)	k)	l)	m)	n)

4 Aufgabe

(2 Punkte)

a) Eule: ____________________

b) Lerche: ____________________

5 Aufgabe

(3 Punkte)

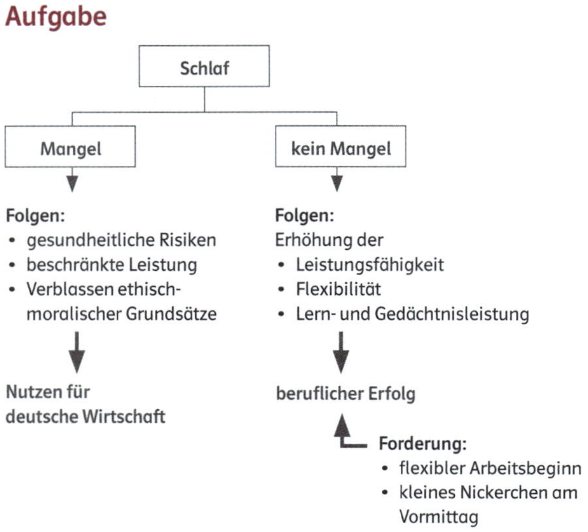

____

____

____

Teil 2: Schreibaufgabe

(25 Punkte)

Situation

Sie sind in Ihrem Betrieb in die Jugend- und Auszubildendenvertretung (JAV) gewählt worden. In der JAV wird seit einiger Zeit über einen flexiblen Arbeitszeitbeginn diskutiert, wie er in vielen Unternehmen üblich ist. Die JAV denkt dabei an eine Flexibilisierung von zwei Stunden. Das bedeutete dann, dass beispielsweise Schulungen und Besprechungen frühestens zwei Stunden nach dem jetzigen Arbeitsbeginn festgesetzt werden dürften, um die Teilnahme aller Betroffenen zu ermöglichen. Bei Ihrem Betriebsrat wollen Sie Maßnahmen zu diesem Punkt beantragen. Das in der Zeitung erschienene Interview mit Dr. Weeß liefert Ihnen wissenschaftliche Belege für Ihr Anliegen.
Im Auftrag der JAV verfassen Sie eine Rede, um für ihr Anliegen zu werben. Die Kolleginnen und Kollegen vom Betriebsrat duzen Sie alle.

Aufgabe

Verfassen Sie eine höchstens 2 Seiten lange Rede mit Anrede, Formulierung Ihres Anliegens und den entsprechenden Begründungen.

- Formulieren Sie Ihr Anliegen deutlich.
- Begründen Sie den flexiblen Arbeitsbeginn mit den Ausführungen von Herrn Dr. Weeß.
- Fassen Sie hierzu das Interview kurz zusammen.
- Führen Sie auch konkrete Beispiele aus Ihrer Ausbildungszeit an, die Ihr Anliegen untermauern.
- Schreiben Sie sachlich, strukturiert und fehlerfrei.

Teil 2: Lösungsblatt

Schreiben Sie auf einem zusätzlichen Blatt weiter.

Material

Orhan Pamuk

Diese Fremdheit in mir

„Heute fängst du mit dem Arbeiten an, da werde ich mich zur Feier des Tages rasieren“, sagte der Vater eines Morgens, als Mevlut gerade aufwachte. „Erste Lektion: Wenn du Joghurt verkaufst, und vor allem wenn du Boza verkaufst, musst du makellos sauber sein. Die Kunden schauen dir manchmal auf die Hände und die Fingernägel. Manche achten auf dein Hemd, deine Hose, deine Schuhe. Wenn du eine Wohnung betrittst, ziehst du unbedingt vorher die Schuhe aus, und deine Strümpfe dürfen weder Löcher haben noch stinken. Aber mein Prachtjunge duftet ja sowieso wie ein Engel, nicht wahr?“
Anfangs noch recht ungeschickt machte Mevlut dem Vater nach, wie man an den beiden Enden des Tragjochs die Joghurtbehälter so einhängte, dass sie im Gleichgewicht waren, wie man zwischen die Behälter Holzleisten steckte, damit sie nicht aneinanderschlugen, und wie man über das Ganze jeweils einen Deckel stülpte. Bald schon hatte er den Bogen heraus.
Der Vater lud ihm zunächst nicht gar so viel auf, und Mevlut merkte auch nicht gleich, wie viel er da eigentlich trug, doch als der Weg von Kültepe bis in die Stadt sich allmählich in die Länge zog, begriff er so recht, dass das Joghurtverkaufen dem Beruf eines Lastenträgers ähnlich war. [...]

Von riesigen Reklametafeln [...] lächelten hübsche Frauen ohne Kopftuch auf Mevlut herab, wie er sie auch aus seinen Schulbüchern kannte, als der Vater plötzlich in eine schattige Seitengasse einbog und „Joghuuurt!“ rief. Mevlut kam es vor, als würden alle ihn anschauen. Der Vater ging ungerührt weiter und schwenkte seine Glocke. Er drehte sich nicht zu Mevlut um, doch dieser spürte, dass der Vater an ihn dachte. Bald ging in einem der oberen Stockwerke ein Fenster auf. „Kommen Sie doch zu uns hoch,“ Vater und Sohn betraten das Gebäude, gingen durchs Treppenhaus, in dem es nach Frittierfett stank, und standen schließlich oben vor einer Wohnungstür.
In seinem Verkäuferleben sollte Mevlut noch Zehntausende von Malen auf das lauschen, was in Istanbuler Küchen von Hausfrauen, Omas, Kindern, Hausangestellten, Rentnern, Waisen und sonstigen Bewohnern auf ihn und den Vater eingeredet wurde:
„Guten Morgen, Mustafa Efendi, wiegen Sie mir doch ein halbes Kilo ab.“ „Ah, Mustafa Efendi, lange nicht gesehen, und ich denke mir schon, kommt er dieses Jahr gar nicht aus seinem Dorf zurück?“ „Sagen Sie mal, Ihr Joghurt ist doch nicht sauer, oder? Wiegen Sie mir ein bisschen was ab. Ihre Waage stimmt doch, oder?“ „Mensch, Mustafa Efendi, wer ist denn der hübsche Junge da, etwa Ihr Sohn? Gratuliere!“ „Tut mir leid, Sie sind umsonst raufgekommen, es hat schon jemand Joghurt aus dem Geschäft geholt, im Kühlschrank ist ein ganzer Topf voll.“
[...]

Mustafa Efendi. Ich habe immer gesagt „Gott vergelte es Ihnen“, wenn ich aus einer Wohnung raus bin, und habe mich verbeugt. Und ich habe auch gesagt „Möge Gott Ihnen immer beistehen“, denn Mevlut sollte nur sehen, wie sauer sein Vater sein Brot verdient, und dass man auch kriechen muss, um reich zu werden. „Vielen, vielen Dank, der Herr“, habe ich gesagt und mich übertrieben verbeugt, „die Handschuhe wird Mevlut im Winter gut brauchen können. Komm, Mevlut, küss dem Herrn die Hand ...“ Das hat Mevlut aber nicht getan, sondern bloß vor sich hin gestarrt. Draußen habe ich zu ihm gesagt: „Junge, tu nicht so stolz. Wenn du eine Tasse Suppe oder ein paar Socken kriegst, brauchst du nicht die Nase zu rümpfen. Das bekommen wir für das, was wir den Leuten geben. Die kriegen von uns den besten Joghurt der Welt ins Haus geliefert und geben dafür uns etwas, das ist alles.“ Als Mevlut einen Monat später von einer Frau eine Wollmütze bekommen hatte, hat er erst das Gesicht verzogen, aber aus Angst, dass ich ihn schimpfe, hat er dann Anstalten gemacht, der Frau die Hand zu küssen, hat es aber nicht über sich gebracht. Danach habe ich zu ihm gesagt: „Hör mal zu, du brauchst hier nicht den großen Herrn zu spielen. Wenn ich dir sage, du sollst einer Kundin die Hand küssen, dann tust du das gefälligst auch. Und noch dazu ist das nicht einfach eine Kundin, sondern eine sehr nette ältere Frau. Glaubst du etwa, alle sind so wie die? Was meinst du, wie viele Strolche es gibt, die bei einem anschreiben lassen, obwohl sie genau wissen, dass sie bald umziehen und weg sind? Wenn du Menschen stolz abweist, die dir was Gutes tun, bringst du es nie zu was."

(Orhan Pamuk, Diese Fremdheit in mir, übersetzt v. Gerhard Meier, Carl Hanser Verlag, München 2016, S. 74–77)

Worterklärungen

Z. 5 Boza: leicht vergorenes Getreidegetränk

Z. 16 das Tragjoch: eine Schultertrage, mit der z. B. Körbe transportiert werden

Z. 24 Kültepe: Viertel in Istanbul

Teil 1: Textverständnis und Sprachgebrauch (25 Punkte)

1 Aufgabe (4 Punkte)

Entscheiden Sie, welche der folgenden Aussagen sich eindeutig aus dem Text ableiten lassen.

- Markieren Sie die Nummern der richtigen Aussagen auf Ihrem Lösungsblatt mit einem „r".
- Für jede korrekte Markierung erhalten Sie einen Punkt.
- Eine falsche Markierung führt zu einem Punktabzug.

a) Der Vater sagt Mevlut, dass er bei Kunden die Strümpfe ausziehen soll.
b) Mevlut trägt auch einen Bogen.
c) Mevlut sieht Gemeinsamkeiten zwischen dem Beruf des Joghurt-Verkäufers und dem eines Lastenträgers.
d) Mustafa Efendi ist der Vater Mevluts.
e) Mevlut hat den Beruf des Joghurt-Verkäufers nur kurz ausgeübt.
f) Mevluts Vater machte mit Rufen und Glockenläuten auf sich aufmerksam.
g) Mevlut hat die Wollmütze nicht angenommen.
h) Mevlut und sein Vater verkauften auch sauren Joghurt.
i) Mevluts Vater rät ihm, nicht zu stolz zu sein.

2 Aufgabe (3 Punkte)

Der Vater gibt Mevlut vor Arbeitsbeginn mehrere Verhaltensregeln.

- Formulieren Sie auf Ihrem Lösungsblatt drei verschiedene Verhaltensregeln.
- Geben Sie jeweils die Textzeile an, in der diese Regel genannt wird.

3 Aufgabe (2 Punkte)

Der Vater Mevluts beschreibt, wie man sich verhalten muss, um zu Wohlstand zu kommen.

- Zitieren Sie auf dem Lösungsblatt zwei unterschiedliche Textstellen.
- Achten Sie auf die korrekte Zitierweise (richtige Textwiedergabe, Anführungszeichen, Zeilenangabe).

4 Aufgabe (3 Punkte)

Ihr Bekannter Gregor versteht einige Textstellen nicht so ganz. Er bittet Sie, ihm diese Stellen verständlich zu machen.

- Schreiben Sie die folgenden Textstellen so um, dass sie verständlich werden.
- Ersetzen Sie dabei die durchgestrichenen Teile durch andere Begriffe.

a) Bald schon hatte er ~~den Bogen heraus~~. (Z. 20 f.)
b) … aber aus Angst, dass ich ihn schimpfe, hat er dann ~~Anstalten gemacht,~~ der Frau die Hand zu küssen. (Z. 82 ff.)
c) … du brauchst hier nicht ~~den großen Herrn zu spielen~~. (Z. 86 f.)

5 Aufgabe (2 Punkte)

Der Text besteht aus zwei unterschiedlichen Teilen.

- Geben Sie auf Ihrem Lösungsblatt die Zeilen der beiden Teile an.
- Nennen Sie jeweils die unterschiedliche Erzählhaltung.

6 Aufgabe (2 Punkte)

Formulieren Sie den folgenden Textauszug so um, dass er aus der Perspektive des Vaters erzählt wird. Fügen Sie mögliche Gedanken des Vaters hinzu.

„ … als der Vater plötzlich in eine schattige Seitengasse einbog und „Joghuuurt!“ rief. Mevlut kam es vor, als würden alle ihn anschauen. Der Vater ging ungerührt weiter und schwenkte seine Glocke. Er drehte sich nicht zu Mevlut um, doch dieser spürte, dass der Vater an ihn dachte …“ (Z. 31ff.)

7 Aufgabe (3 Punkte)

Der Vater Mevluts benutzt Sprachfloskeln, die auch von Vorgesetzten verwendet werden.
- Ergänzen Sie die folgenden Floskeln mit Inhalten aus Ihrer beruflichen Erfahrung.

a) Hören Sie mal zu …
b) Glauben Sie etwa …

- „Wenn ich dir sage, du sollst einer Kundin die Hand küssen, dann tust du das gefälligst auch.“ (Z. 87ff.) Vervollständigen Sie die folgenden Satzanfänge zu einer respektvollen Antwort Mevluts.

c) Ich verstehe, dass du das willst, da …
d) Ich kann das aber nicht, …

8 Aufgabe (4 Punkte)

Ihre Freundin hat einen Leserkommentar zu dem Roman „Diese Fremdheit in mir“ von Orhan Pamuk verfasst. Vor der Veröffentlichung bittet sie Sie, den Text nach sprachlichen Fehlern zu untersuchen.
- Notieren Sie die vier falsch geschriebenen Wörter (mit Bezugswort) in der richtigen Form bzw. in der korrekten Schreibweise auf Ihrem Lösungsblatt.
- Ordnen Sie den Fehlern auf dem Lösungsblatt jeweils eines der folgenden Stichworte zur passenden Regel zu.
  1 Großschreibung von Substantivierungen
  2 ß bei langem Vokal
  3 richtige Bildung des Akkusativs (Wen-Fall)
  4 richtige Bildung des Dativs (Wem-Fall)
- Jede richtige Lösung (korrekte Schreibung mit passender Regel) gibt einen Punkt.

Orhan Pamuk schildert der Alltagswelt des jungen Mevlut in Istanbul. Mevlut geht in die Schule und lernt von seinem Vater, wie man als Strassenverkäufer Geld verdienen kann. Dabei macht Mevlut nicht nur angenehme Erfahrungen mit die Kundschaft. Vor allem stört ihn aber die Unterwürfigkeit seines Vaters. Das kann ich gut nachvollziehen, da ich Ähnliches erlebt habe. Zum Glück übernehmen die Jungen nicht alles, was die alten ihnen vormachen.

9 Aufgabe (2 Punkte)

Der folgende Text beinhaltet vier deutliche Wertungen.
- Notieren Sie die Wörter, die Wertungen ausdrücken, auf Ihrem Lösungsblatt.

Pamuks Roman ist ein langweiliges Buch. Ich habe viele Wochen benötigt, um diesen Wälzer zu Ende zu lesen. Zwar sind manche Passagen angenehm zu lesen, insgesamt ist es aber ein Roman, der kein Lesevergnügen bereitet.

Teil 1: Lösungsblatt

(25 Punkte)

1 Aufgabe

(4 Punkte)

a)	b)	c)	d)	e)	f)	g)	h)	i)

2 Aufgabe

(3 Punkte)

Textstelle	Zeile(n)
Regel 1:	
Regel 2:	
Regel 3:	

3 Aufgabe

(2 Punkte)

Zitat 1: ______________________________

____

Zitat 2: ______________________________

____

4 Aufgabe

(3 Punkte)

a) Bald schon hatte er ______________________________

b) … aber aus Angst, dass ich ihn schimpfe, hat er dann ______________________________

______________________________ der Frau die Hand zu küssen.

c) … du brauchst hier nicht ______________________________

5 Aufgabe

(2 Punkte)

	Zeile(n)	Erzählhaltung
Teil 1		
Teil 2		

6 Aufgabe (2 Punkte)

____

____

____

____

____

____

7 Aufgabe (3 Punkte)

a) Hören Sie mal zu ______________________________.

b) Glauben Sie etwa ______________________________.

c) Ich verstehe, dass du das willst, da ______________________________

______________________________.

d) Ich kann das aber nicht, ______________________________

______________________________.

8 Aufgabe (4 Punkte)

Korrekte Schreibweise	Stichwort zur passenden Regel

9 Aufgabe (2 Punkte)

Wörter, die Wertungen ausdrücken:

1. ______________________________
2. ______________________________
3. ______________________________
4. ______________________________

Teil 2: Schreibaufgabe

(25 Punkte)

Situation

Im Internet finden Sie folgenden Leserkommentar zum Roman: „Dies ist eine nette Geschichte aus der Türkei, die im vorigen Jahrhundert spielt, mehr aber nicht. Mit der Situation von jungen Menschen in Deutschland, die im 21. Jahrhundert eine Berufsausbildung absolvieren, hat dieser Roman aber überhaupt nichts zu tun. Heute und hier ist alles ganz anders."

Aufgabe

Schreiben Sie eine Antwort auf diesen Kommentar (maximal 2 Seiten), die sich an Leserinnen und Leser Ihres Alters richtet.

- Gehen Sie auf die Argumente der Buchbewertung ein.
- Kommentieren Sie die Aussage, dass es keine Parallelen zur Ausbildung heute gebe. Führen Sie dazu eigene Erfahrungen und Beispiele an.
- Geben Sie auf der Grundlage des Romanauszugs, den Sie kennen, eine Leseempfehlung. Gehen Sie dabei auch auf die Sprache des Autors ein.

Teil 2: Lösungsblatt

Schreiben Sie auf einem zusätzlichen Blatt weiter.

Material

Radek Knapp

Der Mann, der Luft zum Frühstück aß

Niemand wusste so richtig, was im Kopf meiner Mutter vorging. Leute, die sie kannten, behaupteten, dass dort eine entzückende Leere herrschte, andere wiederum konnten geradezu den Donner hören, den der eingeschlossene Geist beim Nachdenken erzeugte. Tatsache war, dass sie manchmal zu erstaunlichen Kopfgeburten fähig war, deren volle Wucht als Erstes mich, ihren einzigen Sohn, traf.
Ihre erste Kopfgeburt war fast schon amüsant. Sie gab mir nicht den Namen Jan, wie es bereits ausgemacht war, sondern Walerian. So hieß das Beruhigungsmittel, das sie dazu brachte, meine Geburt zu verschlafen, und sie befand, dass ein derart gelungenes Präparat entsprechend verewigt werden müsste. Dass sie mich dadurch für mein ganzes Leben zu einer Lachnummer abstempelte, war nicht so wichtig wie die Tatsache, dass sie von da an in meiner Gegenwart eine Entspannung verspürte, die andere Mütter beim Anblick ihrer Brut niemals empfanden. Trotzdem machte sie davon nicht oft Gebrauch, und als ich ein Jahr alt war, verzichtete sie aus unerfindlichen Gründen völlig darauf. Sie tauchte eines Tages mit mir auf dem Arm im Haus meiner Großeltern auf und bat sie, über das Wochenende auf mich aufzupassen. Sie kam erst nach elf Jahren wieder zurück und fragte, als ob nichts geschehen wäre, wo ich gerade sei. Auf die ironische Frage meiner Großmutter, ob die Uhr ihrer Tochter für elf Jahre stehengeblieben war, gab sie eine Antwort, die in ihrer Ehrlichkeit schon wieder bewundernswert war: Sie sei nicht nur Mutter, sondern auch eine Frau, deren Schwangerschaft unglücklicherweise mit ihrer Jugend zusammengefallen war. Sie sei dieser genauso viel schuldig wie mir, wenn nicht mehr, denn die Jugend ginge schnell vorbei; ich hingegen würde noch da sein, wenn sie schon alt und runzlig wäre. […]

Nach einer verdächtigen Ruheperiode, in der sie ihren mütterlichen Pflichten vorbildlich nachging, nahm sie mich eines Tages für eine kurze Autofahrt in die Stadt mit. Wir passierten das Zentrum, den Stadtrand und interessanterweise auch andere Städte, bis wir zehn Stunden später vor einem rot-weiß-roten Schranken in Drasenhofen hielten.
„Auf der anderen Seite liegt Österreich. Dort fangen wir ein neues Leben an", verkündete meine Mutter und zeigte auf das Feld hinter dem Schranken, wo ein paar Krähen um eine leere Plastikflasche der Firma Coca-Cola stritten.
Als sie meinen verständnislosen Blick auffing, fügte sie hinzu: „Mach nicht so ein Gesicht. Ab jetzt wirst du viele Grenzen überschreiten. Sie werden aus dir das machen, was ich nie geschafft hatte. Einen Mann."
Ob ich dadurch ein Mann wurde, müsste genauer erforscht werden, aber ganz gewiss wurde ich dadurch zum Experten von Grenzen und ihren Überschreitungen.
Nach der Staatsgrenze folgte bereits die nächste Grenze: der Wechsel von der slawischen Sprache in die germanische. Deutsch zu lernen ist für einen Polen genauso schwer wie allgemeine Relativitätstheorie. Aber in Wien kam noch das Problem dazu, dass man dort gar nicht Deutsch sprach. […]

Doch ausgerechnet der Wiener Dialekt half mir, eine Grenze kennenzulernen, die meinen Horizont beträchtlich erweiterte. Als ich die deutsche Sprache bereits so weit kannte, dass ich kleine Jobs annehmen konnte, arbeitete ich in einer Wiener Druckerei. Meine Aufgabe bestand darin, Zeitungen zu bündeln. Ich steckte sie in eine Maschine, aus der ein Faden herausschoss. Wenn man nicht aufpasste, schnürte der Faden nicht nur das Zeitungsbündel zusammen, sondern auch die Hände, mit denen man es hielt. Dann musste man sich an einen Arbeitskollegen wenden, der einen kopfschüttelnd mit einem „Aj Jesus, Jesus" und einer Schere befreite. Auf diese Weise arbeitete ich bereits ein paar Wochen in Halle A und war jeden Tag aufs Neue verblüfft, dass man überhaupt Geld für so eine spannende Arbeit bekam.

Doch dann passierte das Unglück. Eines Tages sagte mein Chef, ich solle in Halle B gehen und ein „Schragl“ holen. Auf die Frage, was ein „Schragl” ist, erntete ich den Blick eines Mannes, der noch nie eine blödere Frage gehört hat. „Ein Schragl ist ein Schragl”, erklärte er mir. Ich verließ zum ersten Mal meine traute Halle A und begab mich in Halle B, wo ich nach einem „Schragl” verlangte. Man gab mir eine Art Regal auf Rädern. Glücklich kehrte ich in Halle A zurück und übergab es meinem Chef. Der sah mich entgeistert an und sagte: „Was hast ma da gebracht? Das ist ein Holztischerl und kein Schragl.“

Ich schüttelte den Kopf: „Das ist ganz gewiss ein Schragl.”

Der Chef platzte heraus: „I arbeit schon zwanzig Joahr do, und du wirst mir net sagen, was a Schragl ist, kloar?”

Ich trottete zurück in Halle B und machte kurzen Prozess.

„Das ist ein Holztischerl”, ließ ich verlauten.

Darauf hörte ich einen Spruch, der mir bekannt vorkam: „I arbeit schon zwanzig Joahr do und weiß, was a Holztischerl ist. Des is a Schragl.”

„Aber nicht in Halle A”, gab ich zu bedenken. Ich wurde an diesem Vormittag mehrmals wie ein Pingpongball hin- und hergeschickt, bis ich das delikate linguistische Gleichgewicht zwischen Halle A und B derart durcheinandergebracht hatte, dass man es nur durch eine radikale Maßnahme wiederherstellen konnte: Ich wurde entlassen. Ich weiß bis heute nicht, was ein Schragl ist, aber dafür lernte ich etwas, was mir das Leben künftig erheblich erleichtern sollte. Wer in Halle A zur Welt gekommen und von der eigenen Mutter in Halle B entführt worden ist, für den wird alles zu einem überraschenden Abenteuer. Und der Einzige, auf den man sich dabei verlassen kann, ist man selbst.

(Radek Knapp, Der Mann, der Luft zum Frühstück aß, Deuticke Verlag, Wien 2017, S. 7–12)

Worterklärungen

Z. 29 f. ironisch: spöttisch
Z. 47 der Schranken: österr. für Bahnschranke
Z. 90 das Schragl: der Gerüstbock
Z. 115 delikat: fein, empfindlich
Z. 116 linguistisch: sprachlich

Teil 1: Textverständnis und Sprachgebrauch (25 Punkte)

1 Aufgabe (4 Punkte)

Entscheiden Sie, welche der folgenden Aussagen sich aus dem Text ableiten lassen.
- Markieren Sie die Nummern der richtigen Aussagen auf Ihrem Lösungsblatt mit einem „r“.
- Für jede korrekte Markierung erhalten Sie einen Punkt.
- Eine falsche Markierung führt zu einem Punktabzug.

a) Walerian wurde nach einem Beruhigungsmittel benannt.
b) Walerians Mutter ließ ihn zehn Jahre alleine bei seinen Großeltern.
c) Als Walerians Mutter zurückkam, sagte sie, ihre Uhr sei stehen geblieben.
d) Walerians Mutter wollte ihre Jugend ohne ihren Sohn genießen.
e) Walerians Großmutter beklagte, dass ihre Jugend so schnell vorbeiginge.
f) Walerians Mutter sagte ihm bei der Abfahrt, dass sie nach Österreich fahren würden.
g) Das Österreichische empfand Walerian leichter als das Deutsche.
h) Walerians erste Arbeitsstelle in Österreich war in einer Druckerei.
i) Diese Druckerei kündigte Walerian.

2 Aufgabe (3 Punkte)

Beantworten Sie die folgenden Fragen auf Ihrem Lösungsblatt.

a) Wie alt ist Walerian, als seine Mutter wieder auftaucht?
b) Wie viele Brüder hat er?
c) Zu welchen beiden Personen wurde Walerian von seiner Mutter als Einjähriger gebracht?

3 Aufgabe (3 Punkte)

Der Romanauszug beschreibt verschiedene Lebensabschnitte Walerians.
- Formulieren Sie für jeden der drei Abschnitte eine Überschrift, die zwei inhaltliche Aspekte zusammenfasst.

4 Aufgabe (4 Punkte)

Zitieren Sie auf Ihrem Lösungsblatt jeweils zwei Textstellen, die als Beleg für die Aussagen a) und b) dienen können.
Achten Sie dabei auf die korrekte Zitierweise (richtige Textwiedergabe, Anführungszeichen, Zeilenangabe).

a) Walerians Mutter denkt mehr an sich als an ihren Sohn.
b) Walerians Mutter trifft ihre Entscheidungen, ohne die Betroffenen zu informieren.

5 Aufgabe (5 Punkte)

Im Text werden verschiedene Stilmittel verwendet. Ihr Freund findet einige Textstellen seltsam, weil er die Stilmittel nicht erkennt. Helfen Sie ihm, den Text besser zu verstehen.
- Ordnen Sie die folgenden Stilmittel den Beispielen a) bis e) zu: *Ironie (das Gegenteil meinend), Verbildlichung, Kombination aus sich widersprechenden Begriffen, Wortneuschöpfung, Begriff mit negativer Assoziation.*
- Beschreiben Sie zu jedem Stilmittel kurz die Wirkung.

a) „entzückende Leere“ im Kopf der Mutter (Z. 3)
b) „den Donner hören, den der eingeschlossene Geist beim Nachdenken erzeugte“ (Z. 5 f.)
c) „Kopfgeburt“ (Z. 7)

d) „Brut“ (Z. 21)
e) „kurze Autofahrt“ (Z. 43 f.)

6 Aufgabe (2 Punkte)

Formulieren Sie die folgenden beiden Sätze, die in indirekter Rede gehalten ist, auf Ihrem Lösungsblatt in direkte Rede um.

„Sie sei nicht nur Mutter, sondern auch eine Frau, deren Schwangerschaft unglücklicherweise mit ihrer Jugend zusammengefallen war. Sie sei dieser genauso viel schuldig wie mir, wenn nicht mehr, denn die Jugend ginge schnell vorbei.“ (Z. 33 ff.)

7 Aufgabe (2 Punkte)

Ihre Bekannte Leonie versteht im folgenden Romanauszug den österreichischen Dialekt nicht.

- Schreiben Sie den Text auf dem Lösungsblatt ins Schriftdeutsche um. Beachten Sie dabei die Regeln zur Rechtschreibung.

Der Chef sagte: „Was hast ma da gebracht? Das ist ein Holztischerl und kein Schragl.“
Ich schüttelte den Kopf: „Das ist ganz gewiss ein Schragl.”
Der Chef platzte heraus: „I arbeit schon zwanzig Joahr do, und du wirst mir net sagen, was a Schragl ist, kloar?” (Z. 104 ff.)

8 Aufgabe (2 Punkte)

Erstellen Sie aus den folgenden drei Sätzen einen einzigen Satz, der alle Informationen der ursprünglichen Sätze enthält und diese in einen logischen Zusammenhang bringt.

- Achten Sie auf die richtige Schreibweise und die sprachliche Angemessenheit.
- Notieren Sie diesen Satz auf Ihrem Lösungsblatt.

Er hat das Buch nicht gelesen.
Er hat eine vernichtende Kritik darüber geschrieben.
Die Kritik hat viel Zustimmung erhalten.

Teil 1: Lösungsblatt

(25 Punkte)

1 Aufgabe

(4 Punkte)

a)	b)	c)	d)	e)	f)	g)	h)	i)

2 Aufgabe

(3 Punkte)

a) Alter: ______

b) Brüder: ______

c) Personen: ______

3 Aufgabe

(3 Punkte)

	Überschrift
Abschnitt	
Abschnitt	
Abschnitt	

4 Aufgabe

(4 Punkte)

a) 1 ______

______

2 ______

______

b) 1 ______

______

2 ______

______

5 Aufgabe

(5 Punkte)

a) Stilmittel: ______

Wirkung: ______

b) Stilmittel: ______________________________

Wirkung: ______________________________

c) Stilmittel: ______________________________

Wirkung: ______________________________

d) Stilmittel: ______________________________

Wirkung: ______________________________

e) Stilmittel: ______________________________

Wirkung: ______________________________

6 Aufgabe

(2 Punkte)

____

____

____

____

7 Aufgabe

(2 Punkte)

____

____

____

____

____

____

8 Aufgabe

(2 Punkte)

____

____

Teil 2: Schreibaufgabe

(25 Punkte)

Situation

Ihr Bekannter hat Probleme mit seiner Mutter. Er fühlt sich von ihr nicht ausreichend anerkannt und denkt, dass seine Mutter nicht genügend für ihn da ist, sondern ihr eigenes Leben zu sehr in den Mittelpunkt stellt.

Aufgabe

Schreiben Sie Ihrem Bekannten eine E-Mail (maximal 2 Seiten), in der Sie auf den Romanauszug und auf das Verhältnis Walerians zu seiner Mutter eingehen. Ziel Ihrer E-Mail soll sein, dass Ihr Bekannter mehr Verständnis für seine Mutter aufbringt und sich mehr auf mögliche positive Auswirkungen ihres Verhaltens konzentriert.

- Charakterisieren Sie Walerians Mutter.
- Stellen Sie mögliche Gründe für ihr Verhalten dar.
- Beschreiben Sie neben den negativen Erfahrungen vor allem die positiven Auswirkungen auf Walerian.
- Schreiben Sie einfühlsam, klar und fehlerfrei.

Teil 2: Lösungsblatt

Schreiben Sie auf einem zusätzlichen Blatt weiter.

Material

Julia Engelmann

ONE DAY / RECKONING TEXT

[…] *Eines Tages, Baby, werden wir alt sein,*
oh Baby, werden wir alt sein
und an all die Geschichten denken,
die wir hätten erzählen können.

Wer bin ich?

Ich bin der Meister der Streiche,
wenn's um Selbstbetrug geht,
ein Kleinkind vom Feinsten,
wenn ich vor Aufgaben steh. […]

Ich denke zu viel nach,
ich warte zu viel ab,
ich nehm mir zu viel vor,
und ich mach davon zu wenig.

Ich zweifle alles an,
halte mich zu oft zurück,
ich wäre gerne klug –
allein das ist ziemlich dämlich.

Ich würde so vieles sagen,
aber bleibe meistens still,
weil – wenn ich das alles sagen würde,
wär das viel zu viel.
Es gibt zu viel zu tun,
meine Listen sind so lang,
ich werd das eh nie alles schaffen,
also fang ich gar nicht an. […]

Stattdessen?

Stattdessen häng ich planlos vorm Smartphone,
wart bloß auf den nächsten Freitag.
„Ach, das mach ich später"
ist die Baseline meines Alltags.
Ich bin so furchtbar faul
wie ein Kieselstein am Meeresgrund.
Ich bin so furchtbar faul,
mein Patronus ist ein Schweinehund.
Mein Leben ist ein Wartezimmer,
niemand ruft mich auf.
Mein Dopamin – das spar ich immer,
falls ich's noch mal brauch.

Und du?

Du murmelst jedes Jahr neu an Silvester
die wieder gleichen Vorsätze
treu in dein Sektglas.
Und Ende Dezember stellst du fest,
dass du recht hast,
wenn du sagst, dass du sie dieses Mal
schon wieder vercheckt hast.

Dabei sollte für dich doch schon 2013
„das erste Jahr vom Rest deines Lebens" werden.
Du wolltest abnehmen,
früher aufstehen, öfter rausgehen,
mal deine Träume angehen,
mal die Tagesschau sehen
für dein Smalltalk-Allgemeinwissen.
Aber so wie jedes Jahr,
obwohl du nicht damit gerechnet hast,
kam dir wieder mal der Alltag dazwischen. […]

Und eines Tages, Baby, werden wir alt sein,
oh Baby, werden wir alt sein
und an all die Geschichten denken,
die wir hätten erzählen können.

Und die Geschichten,
die wir dann stattdessen erzählen,
werden traurige Konjunktive sein wie –

„Einmal wär ich fast einen Marathon gelaufen
und hätte fast die Buddenbrooks gelesen,
und ich wär mal beinah
„bis die Wolken wieder lila" waren
noch wach gewesen,
fast hätten wir uns mal demaskiert
und gesehen, wir sind die Gleichen,
und dann hätten wir uns fast gesagt,
wie viel wir uns bedeuten" –

werden wir erzählen.
Und dass wir bloß faul und feige waren,
das werden wir verschweigen
und uns heimlich wünschen,
noch ein bisschen hierzubleiben.

Wenn wir dann alt sind und unsere Tage knapp
– und das wird sowieso passieren –
dann erst werden wir kapieren,
wir hatten nie was zu verlieren.
Denn das Leben, das wir führen wollen,
das können wir selber wählen.
Also los!, schreiben wir Geschichten,
die wir später gern erzählen.

Also!

Lass uns nachts lange wach bleiben,
aufs höchste Hausdach der Stadt steigen,
lachend und vom Takt frei
die allertollsten Lieder singen!
Lass uns Feste wie Konfetti schmeißen,
sehen, wie sie zu Boden reisen,
und die gefallenen Feste feiern,
„bis die Wolken wieder lila sind"!
Lass mal an uns selber glauben,
ist mir egal, ob das verrückt ist! [...]
Wer immer wir auch waren,
lass mal werden, wer wir sein wollen. [...]

Lass uns möglichst viele Fehler machen
und möglichst viel aus ihnen lernen,
lass uns jetzt schon Gutes säen,
damit wir später Gutes ernten!
Lass uns alles tun, weil wir können
und nicht müssen,
jetzt sind wir jung und lebendig,
und das soll ruhig jeder wissen!
Lass uns uns *mal demaskieren*
und dann sehen, wir sind die Gleichen,
und dann können wir uns noch sagen,
dass wir uns viel bedeuten! [...]

Das Leben, das wir führen wollen,
wir können es selber wählen.
Also los, schreiben wir Geschichten,
die wir später gern erzählen!

Und eines Tages, Baby, werden wir alt sein,
oh Baby, werden wir alt sein
und an all die Geschichten denken –
die für immer unsere sind.

(Julia Engelmann, Eines Tages, Baby, Poetry-Slam-Texte, Wilhelm Goldmann Verlag, München 2014, Pos. 311 – 398 von 1253 der Kindle-Ausgabe)

Worterklärungen

Z. 1 reckoning (engl.): die Abrechnung
Z. 35 der Patronus: der Schutzgeist
Z. 38 das Dopamin: ein körpereigener Stoff, der Aktivität und Motivation steuert
Z. 66 Buddenbrooks: ein Roman von Thomas Mann

Teil 1: Textverständnis und Sprachgebrauch (25 Punkte)

1 Aufgabe (2 Punkte)

Nur zwei der folgenden Aussagen über das lyrische Ich lassen sich eindeutig aus dem Text ableiten.

- Markieren Sie auf Ihrem Lösungsblatt die richtigen Aussagen mit einem „r".
- Geben Sie jeweils die Zeilen an, mit denen Sie Ihre Entscheidung begründen.
- Für jede korrekte Angabe erhalten Sie einen Punkt.
- Eine falsche Angabe führt zu einem Punktabzug.

Das lyrische Ich

a) ist alt und blickt auf sein Leben zurück,
b) bezeichnet sich als faul,
c) verschiebt nach eigenen Aussagen oft anstehende Dinge,
d) spricht mit seinem Kleinkind.

2 Aufgabe (2 Punkte)

Ein Teil des Textes ist in der Anredeform geschrieben.
Vervollständigen Sie den folgenden Satz auf Ihrem Lösungsblatt, indem Sie sich auf zwei Aussagen des Textes beziehen.

Das lyrische Ich kritisiert seinen Partner, da dieser …

3 Aufgabe (6 Punkte)

Zitieren Sie auf Ihrem Lösungsblatt jeweils eine Textstelle, die man als Beleg für die Aussagen a) – f) anführen kann.

- Achten Sie auf die korrekte Zitierweise (richtige Textwiedergabe, Anführungszeichen, Zeilenangabe).
- Geben Sie die entsprechenden Zeilen an.

a) Ich bin gut darin, mir etwas vorzumachen.
b) Das Verhältnis zwischen dem, was ich mir vornehme, und dem, was ich umsetze, stimmt nicht.
c) Meist rede ich nicht, obwohl ich etwas sagen möchte.
d) Wir können selbst entscheiden, wie wir leben wollen.
e) Wir sollten Dinge tun, weil wir sie tun können, und nicht, weil wir es müssen.
f) Was wir erlebt haben, kann uns niemand nehmen.

4 Aufgabe (4 Punkte)

Ihre Bekannte Alissa kann mit einigen Teilen des Gedichtes nichts anfangen, weil sie manche Formulierungen nicht versteht. Sie bittet Sie, ihr diese Stellen verständlich zu machen.

- Ersetzen Sie die durchgestrichenen Formulierungen auf Ihrem Lösungsblatt durch verständlichere Formulierungen.
- Der Sinn soll beibehalten werden.

1 ~~Mein Dopamin – das~~ spar ich immer, falls ich's noch mal brauch. (Z. 38)
2 Und die Geschichten, die wir dann stattdessen erzählen, werden traurige ~~Konjunktive~~ sein. (Z. 62 ff.)
3 Lass uns *uns* mal ~~demaskieren~~ und dann sehen, wir sind die Gleichen. (Z. 108 f.)
4 Lass uns Feste wie Konfetti schmeißen, sehen, wie sie zu Boden reisen, und die gefallenen Feste feiern, ~~„bis die Wolken wieder lila sind"~~! (Z. 92 ff.)

5 Aufgabe (3 Punkte)

Im Text heißt es: „Und Ende Dezember stellst du fest, dass du recht hast, wenn du sagst, dass du sie dieses Mal schon wieder vercheckt hast." (Z. 44 ff.)

Entscheiden Sie, welche Aussagen a) – f) dazu tatsächlich im Gedicht gemacht werden.
- Markieren Sie die passenden Aussagen auf Ihrem Lösungsblatt mit einem „r".
- Für jede korrekte Angabe erhalten Sie einen Punkt.
- Eine falsche Angabe führt zu einem Punktabzug.

a) Du hast nicht abgenommen.
b) Du bist nicht früher aufgestanden.
c) Du hast keine Zeitung gelesen.
d) Du hast deine Träume nicht umgesetzt.
e) Du hast zu viel getrunken.
f) Du hast mich nicht zum Essen eingeladen.

6 Aufgabe (2 Punkte)

Nachdem Sie den Poetry Slam von Julia Engelmann gemeinsam im Internet angeschaut haben, meint Ihr Arbeitskollege Yussuf: „ Die macht ja nur ihren Partner fertig. Das deprimiert ja die Zuhörer."
- Nennen Sie auf Ihrem Lösungsblatt zu den beiden Aussagen von Yussuf jeweils ein Gegenargument.

7 Aufgabe (4 Punkte)

Ihre Bekannte Sibel hat Schwierigkeiten mit der Groß- und Kleinschreibung. Sie kann sich oft nicht entscheiden, welches die richtige Schreibweise ist. Helfen Sie ihr.
- Streichen Sie auf Ihrem Lösungsblatt die falsch geschriebenen Wörter durch und schreiben Sie das Wort in der korrekten Schreibweise auf.
- Ordnen Sie den Fehlern jeweils eine der folgenden Regeln 1 – 4 zur Großschreibung zu.
- Jede richtige Lösung gibt einen Punkt.

a) Das Gedicht ist nicht durch traurigkeit geprägt.
b) Man könnte auch sagen: der Text ist sehr interessant.
c) Auch das lesen des Gedichts kann Spaß machen.
d) Die Lesung fand in bochum statt.

Das sind die Rechtschreibregeln, die Sibel helfen können:
1 Substantivierte Verben werden großgeschrieben.
2 Namen werden großgeschrieben.
3 Satzanfänge werden großgeschrieben.
4 Wörter mit der Endung „-keit" sind Substantive und werden großgeschrieben.

8 Aufgabe (2 Punkte)

Bilden Sie aus den folgenden vier Sätzen einen einzigen Satz, der alle Informationen der ursprünglichen Sätze enthält und diese in einen logischen Zusammenhang bringt.
- Achten Sie auf die richtige Schreibweise und die Zeichensetzung und vermeiden Sie Wiederholungen.
- Notieren Sie diesen Satz auf Ihrem Lösungsblatt.

- Ihm gefiel der Vortrag nicht.
- Er hörte ihn ganz an.
- Der Vortrag dauerte sehr lange.
- Seine Freundin hatte ihn darum gebeten.

Teil 1: Lösungsblatt

(25 Punkte)

1 Aufgabe

(2 Punkte)

	a)	b)	c)	d)
richtig?				
Zeile				

2 Aufgabe

(2 Punkte)

Das lyrische Ich kritisiert seinen Partner, da dieser ______________________________

____

____

3 Aufgabe

(6 Punkte)

Zitat	Zeile
a)	
b)	
c)	
d)	
e)	
f)	

4 Aufgabe

(4 Punkte)

1 ______________________________ spar ich immer, falls ich _____ noch mal brauch.

2 Und die Geschichten, die wir dann stattdessen erzählen, werden ______________________________

3 Lass uns *uns* mal ______________________________ und dann sehen, wir sind die Gleichen.

4 Lass uns Feste wie Konfetti schmeißen, sehen, wie sie zu Boden reisen, und die gefallenen Feste feiern,

____

5 Aufgabe

(3 Punkte)

	a)	b)	c)	d)	e)	f)
richtig?						

6 Aufgabe (2 Punkte)

Gegenargument zu Aussage 1:

Gegenargument zu Aussage 2:

7 Aufgabe (4 Punkte)

Falsche Schreibweise durchstreichen	Richtige Schreibweise	Regel Nummer
Das Gedicht ist nicht durch traurigkeit geprägt.		
Man könnte auch sagen: der Text ist sehr interessant.		
Auch das lesen des Gedichtes kann Spaß machen.		
Die Lesung fand in bochum statt.		

8 Aufgabe (2 Punkte)

Teil 2: Schreibaufgabe

(25 Punkte)

Situation

Ihre Klasse soll zum „Tag der offenen Tür" Ihrer Schule, zu dem auch Ausbilder und Eltern eingeladen werden, etwas beisteuern. Ihre Mitschülerinnen und Mitschüler finden, dass der Text von Julia Engelmann ihr Lebensgefühl gut wiedergibt. Deshalb wollen sie den Text als szenisches Spiel mit zwei Akteuren darstellen.

Aufgabe

Schreiben Sie den Text als Dialog für zwei Personen um, sodass er auf der Bühne aufgeführt werden kann. Dabei sollen wesentliche Inhalte des Gedichtes übernommen und verständlich darstellt werden. Die Beiträge der zweiten Person müssen erfunden werden. Der Umfang sollte ca. 2 Seiten betragen.

Fügen Sie – wo es Ihnen sinnvoll erscheint – Regieanweisungen hinzu (Verhalten der Akteure, Art und Weise, wie gesprochen wird).

- Die Personen müssen in echte Kommunikation treten.
- Die Dialoge sollen leicht verständlich sein und lebensecht wirken.
- Die wesentlichen Inhalte des Gedichtes sollen erhalten bleiben.
- Einleitung und Schluss müssen ergänzt werden.
- Die Regieanweisungen sollen die Handlung verdeutlichen.
- Achten Sie auf korrekten Sprachgebrauch.

Teil 2: Lösungsblatt

Schreiben Sie auf einem zusätzlichen Blatt weiter.

Aussagen als richtig oder falsch erkennen

Claudia Tödtmann

Wann Sie ein Tattoo den Job kosten kann

[...] Arbeitgeber dürfen von Mitarbeitern, die mit Publikum zu tun haben, verlangen, dass sie ihr äußeres Auftreten dem Charakter des Unternehmens – etwa einer Bank, einem Juwelier, im Verkauf teurer Möbel und so weiter – anpassen: Wichtig sind die konkreten Umstände des Arbeitsplatzes wie die Produkte, das Preissegment oder die Erwartungen der Kundschaft.
Fest steht: Das Unternehmen darf konkretisieren, was seine Leute anziehen und wie sie es tragen. Es darf beispielsweise verbieten, in Gegenwart von Kunden mit Jeans, Turnschuhen, ohne Krawatte und ohne Sakko aufzutreten. Je nach Branche darf das Unternehmen auch die Angestellten anweisen, bei Kundenkontakt stets Piercings herauszunehmen oder Tätowierungen abzudecken.
Denn: Mitarbeiter repräsentieren ihren Arbeitgeber, so dass dieser ein berechtigtes Interesse an deren Auftreten hat. Immerhin beeinflusst jeder einzelne die Darstellung und Wahrnehmung des Unternehmens in der Öffentlichkeit. Wenn es in einem Betrieb hygienische Gründe dafür gibt oder Gefahren für Kollegen oder andere Menschen bestehen, darf der Vorgesetzte das Tragen von Schmuck oder Piercings gänzlich verbieten.
Wollen Unternehmen eine generelle Kleiderordnung für ihren Betrieb erlassen, müssen sie diese in einer Betriebsvereinbarung mit dem Betriebsrat abstimmen. Er hat nämlich hierbei ein Mitbestimmungsrecht (Paragraf 87 Absatz 1 Nr. 1 Betriebsverfassungsgesetz). Weigert sich ein Arbeitnehmer, solch einer – zulässigen – Aufforderung nachzukommen und beispielsweise Piercings herauszunehmen oder Tätowierungen abzudecken, kann das Unternehmen ihn erst abmahnen und dann kündigen (verhaltensbedingte Kündigung). [...]

(http://www.wiwo.de/erfolg/beruf/arbeitsrecht-wann-sie-ein-tattoo-den-job-kosten-kann/10018476.html, zuletzt abgerufen am 07.12.2017)

1 Aufgabe

Kreuzen Sie die Aussagen an, die inhaltlich dem Text entsprechen.

a) Arbeitgeber müssen ihren Mitarbeitern die vorgeschriebene Kleidung stellen.
b) In bestimmten Fällen kann der Arbeitgeber das Tragen von Schmuck im Betrieb verbieten.
c) Der Arbeitgeber kann bestimmte Tattoos für seine Mitarbeiter vorschreiben.
d) Einem Arbeitnehmer kann unter Umständen wegen eines Piercings gekündigt werden.
e) Der Betriebsrat kann eine Kleidervorschrift bestimmen.
f) Eine Bank kann ihren Mitarbeitern vorschreiben, Tattoos bei Kundengesprächen abzudecken.
g) In manchen Branchen kann das Unternehmen seinen Mitarbeitern vorschreiben, eine Krawatte zu tragen, wenn sie mit Kunden zu tun haben.
h) Das Tragen von Ringen kann verboten werden, wenn es dafür hygienische Gründe gibt.

Lösungshilfen

1 Inhalt der Aussagen überprüfen

Lesen Sie genau und vergleichen Sie den Originaltext mit den Aussagen. Werden die in den Aussagen genannten Tatsachen auch im Text erwähnt oder sind sie frei erfunden?
Achtung: Oft werden nicht dieselben, sondern ähnliche Begriffe benutzt, die dasselbe bedeuten.
Beispiel: *„Mitarbeiter"* statt *„Arbeitnehmer"*
Beachten Sie auch, dass Aussagen, die nicht genau so im Text stehen, ebenfalls richtig sind, wenn man sie logisch ableiten kann.

2 Aufgabe
Kreuzen Sie die Aussagen an, die mit dem Text übereinstimmen. Markieren Sie bei den anderen Aussagen die Begriffe, die den Textinhalt nicht richtig wiedergeben.

a) Mitarbeiter präsentieren ihren Arbeitgeber.
b) Der Betriebsrat muss über eine Betriebsvereinbarung zur Kleiderordnung abstimmen.
c) Das Unternehmen muss eine Betriebsvereinbarung zur Kleiderordnung mit dem Betriebsrat abstimmen.
d) Arbeitgeber dürfen von Mitarbeitern, die mit Kundschaft zu tun haben, verlangen, ihr Äußeres anzupassen.
e) Je nach Position im Betrieb darf das Unternehmen die Angestellten anweisen, bei Kundenkontakt stets Piercings herauszunehmen.

3 Aufgabe
Kreuzen Sie die Aussagen an, bei denen die unterstrichenen Wörter inhaltlich dem Text entsprechen.

a) Arbeitgeber <u>müssen</u> von Mitarbeitern, die mit Publikum zu tun haben, verlangen, dass sie ihr Äußeres dem Unternehmen anpassen.
b) Vorgesetzte dürfen Piercings <u>in jedem Fall</u> verbieten.
c) <u>Jede</u> Kleiderordnung muss mit dem Betriebsrat abgestimmt werden.
d) In <u>allen</u> Branchen darf das Unternehmen anweisen, bei Kundenkontakten Piercings abzudecken.
e) <u>Jeder einzelne</u> Mitarbeiter beeinflusst die Wahrnehmung des Unternehmens.

4 Aufgabe
Kreuzen Sie die Aussagen an, bei denen die unterstrichenen Satzglieder richtig wiedergegeben und zugeordnet wurden.

a) <u>Mitarbeiter</u> haben ein berechtigtes Interesse an ihrem Auftreten.
b) <u>Das Unternehmen</u> beeinflusst die Darstellung jedes einzelnen Mitarbeiters.
c) <u>Der Betrieb</u> hat ein Mitbestimmungsrecht bei generellen Kleiderordnungen.
d) Das Unternehmen darf festlegen, was seine Beschäftigten <u>in Gegenwart von Kunden</u> tragen.

5 Aufgabe
Markieren Sie die Sätze, die den Inhalt des Textes richtig wiedergeben. Achten Sie auf die Nebensätze bzw. die Bindewörter.

a) Hygienische Gründe oder mögliche Gefahren können eine Bedingung für das Verbot von Schmuck sein.
b) Hygienische Gründe oder mögliche Gefahren können eine Folge des Verbots von Schmuck sein.
c) Wenn sich ein Arbeitnehmer weigert, einer zulässigen Aufforderung nachzukommen, kann er abgemahnt werden.
d) Obwohl sich ein Arbeitnehmer weigert, einer zulässigen Aufforderung nachzukommen, kann er abgemahnt werden.

Lösungshilfen

2 Die Begriffe überprüfen

Überprüfen Sie, ob veränderte Begriffe dem Textinhalt entsprechen oder Falsches wiedergeben.
Beispiel: *„mitbestimmen“* bedeutet etwas anderes als *„bestimmen“*
Kontrollieren Sie auch, ob Fremdwörter richtig ins Deutsche übertragen wurden.

3 Wichtige Einzelwörter überprüfen

Achten Sie im Text auf Wörter, die den Inhalt stark verändern können, wie *„kein“*, *„nicht“*, *„kann“*, *„soll“*, *„muss“*. Prüfen Sie, ob deren Bedeutung in den Aussagen richtig wiedergegeben ist.

4 Zuordnungen innerhalb eines Satzes kontrollieren

Überprüfen Sie, ob das Subjekt des Satzes richtig wiedergegeben wird.
Kontrollieren Sie auch, ob sich Beifügungen auf die richtigen Satzglieder beziehen.

5 Die Bedeutung der Nebensätze prüfen

Klären Sie, ob der inhaltliche Zusammenhang von Haupt- und Nebensätzen richtig wiedergegeben wird.
Wenn Bindewörter (Konjunktionen) wie *„weil“*, *„obwohl“*, *„bevor“* verändert wurden oder weggefallen sind, müssen Sie genau prüfen, ob trotzdem der Sinn erhalten geblieben ist.

Gezielt Informationen finden

Janosch Deeg

Verlängert Kaffee das Leben?

Für Kaffeeliebhaber klingt es zu schön, um wahr zu sein: Der Genuss ihres Lieblingsgetränks hat womöglich lebensverlängernde Eigenschaften. Hinweise darauf liefern zwei Studien, die jetzt im Fachjournal „Annals of Internal Medicine" veröffentlicht wurden. Das leicht vereinfachte Fazit: Regelmäßiger Kaffeekonsum verringert das Sterberisiko innerhalb eines bestimmten Zeitraums. In der ersten Studie zeigte sich dieser Effekt besonders bei drei oder mehr Tassen pro Tag. Die Forscher der International Agency for Research on Cancer und dem Imperial College London untersuchten die Daten von mehr als einer halben Million Menschen aus zehn europäischen Ländern. Die Studie war somit die bislang größte ihrer Art. Insbesondere bei Erkrankungen des Verdauungstrakts und Kreislauferkrankungen berichtet das Team über positive Auswirkungen eines verhältnismäßig hohen Kaffeekonsums. Die Resultate unterschieden sich dabei nicht zwischen den verschiedenen Nationen.
Die zweite Studie, durchgeführt von Wissenschaftlern der University of Southern California, zeichnet ein sehr ähnliches Bild: Bei Menschen, die regelmäßig eine Tasse Kaffee pro Tag trinken, ist die Wahrscheinlichkeit, in einem gewissen Zeitraum zu sterben, um zwölf Prozent geringer als bei jenen, die das Heißgetränk verschmähen. Bei zwei bis drei Tassen täglich reduzierte sich dieses Risiko sogar um 18 Prozent. Der Studie zufolge litten Kaffeetrinker weniger an Krebs, Diabetes Typ 2 und Erkrankungen der Atemwege, der Nieren und des Herzens und erlitten seltener einen Schlaganfall. Die Effekte beobachteten die Wissenschaftler querbeet durch verschiedene Ethnien, darunter Afro-Amerikaner, Latinos und Weiße. Mit ihrer multiethnischen [...] Studie konnten sie ausschließen, dass Effekte aus dem unterschiedlichen Lebensstil der verschiedenen Gruppen resultieren. An der weiterhin laufenden Studie nehmen mehr als 200 000 Personen teil. Eigentliches Ziel der Erhebungen ist es, Risikofaktoren zu identifizieren, die zu Krebs führen können.
Kaffee ist eines der am häufigsten konsumierten Getränke weltweit. Etwa drei Viertel der Erwachsenen in den Vereinigten Staaten trinken dieses Genussmittel, die Hälfte täglich, und für Deutschland sind die Zahlen ähnlich. Die Ansicht, diese Gewohnheit sei ungesund, ist mittlerweile überholt. Frühere Experimente beachteten oftmals nicht, dass Kaffeetrinker mehr als andere gesundheitsschädlichen Gewohnheiten frönen – etwa zu viel Alkohol trinken oder rauchen. Unter anderem dadurch entstand der schlechte Ruf von Kaffee. Mittels statistischer Methoden lassen sich die beschriebenen Effekte jedoch herausrechnen. Und bereits andere vorangehende Studien konnten so zeigen, dass langjähriger moderater Kaffeekonsum das Risiko verringert, an Diabetes Typ 2, Alzheimer sowie einigen Krebsformen zu erkranken. [...]
Generell könnten also tatsächlich einige Tassen Kaffee pro Tag Teil einer gesunden Ernährung sein. Allerdings ist es womöglich ratsam, bisweilen auf die koffeinfreie Version zurückzugreifen. Denn einerseits stellten die Wissenschaftler keinen Unterschied in der gesundheitsfördernden Wirkung zwischen „mit Wachmacher" und „ohne" fest. Andererseits ist bekannt, dass Koffein in hohen Dosen zu erhöhtem Puls, Unruhe und Schlafstörungen führen kann. [...]

(http://www.spektrum.de/news/kaffee-ist-gesund/1480911, zuletzt abgerufen am 07.12.2017)

Worterklärungen

Z. 3 Annals of Internal Medicine: wissenschaftliche Zeitschrift für Innere Medizin
Z. 6 International Agency for Research on Cancer: Internationale Agentur für Krebsforschung
Z. 17 die Ethnie: eine abgrenzbare Menschengruppe, Volksgruppe

1 Aufgabe
Schreiben Sie die Zeilen auf, in denen die folgenden Inhalte im Text zu finden sind.

a) Relativ hoher Kaffeekonsum wirkt sich positiv bei Magen- und Darmerkrankungen aus.
b) Kaffeekonsum reduziert das Krebsrisiko.
c) Die Ansicht, dass Kaffee ungesund sei, gilt als überholt.
d) Die zweite Studie stammt von Wissenschaftlern aus den USA.
e) Koffeinfreier Kaffee hat ebenfalls positive Auswirkungen.

2 Aufgabe
Die zweite Studie hat verschiedene gesundheitsfördernde Folgen des Kaffeekonsums festgestellt.
- Nennen Sie in Stichworten vier Beispiele.
- Geben Sie die entsprechenden Textstellen an.

3 Aufgabe
Notieren Sie jeweils in einem Satz die wesentliche Begründung für die folgenden Behauptungen.

a) Die Ergebnisse der zweiten Studie sind unabhängig von unterschiedlichen Lebensstilen.
b) Die bisherigen Untersuchungen hatten verfälschende Faktoren nicht berücksichtigt.
c) Es ist gesünder, koffeinfreien Kaffee zu trinken.

4 Aufgabe
Kennzeichnen Sie die Schlussfolgerungen, die sich nicht aus dem Text ableiten lassen.
Notieren Sie bei den Schlussfolgerungen, die sich ableiten lassen, die Zeilenangaben.

a) Kaffee kann eine lebensverlängernde Wirkung haben.
b) Drei Tassen Kaffee pro Tag sind wirksamer als eine.
c) Je mehr Kaffee man trinkt, desto gesünder wird man.
d) Kaffee ist das gesündeste Getränk.
e) Die Erkenntnisse sind nicht neu.

5 Aufgabe
Korrigieren Sie die folgenden Zitate aus dem Text. Achten Sie dabei auf die korrekte Textwiedergabe, die Zeichensetzung und die korrekte Zeilenangabe.

a) Die Ansicht, dass Kaffee ungesund sei, „sei mittlerweile überholt." (Z. X)
b) Nach der Studie leiden „Kaffeetrinker weniger an Diabetes Typ 2 und Erkrankungen der Nieren." (Z. X)
c) Die erste Studie berichtet „bei Kreislauferkrankungen über positive Auswirkungen eines hohen Kaffeekonsums." (Z. X)
d) „Der zweiten Studie zufolge leiden Kaffeetrinker nicht an Krebs." (Z. X)

Lösungshilfen

1 Die passenden Textstellen finden und die entsprechenden Zeilen angeben

- Z. X (wenn der gesuchte Inhalt nur in einer Zeile steht)
- Z. X / X oder X f. (wenn der Inhalt in zwei Zeilen steht)
- Z. X–X oder X ff. (wenn der Inhalt in mehreren Zeilen steht)

2 Belege oder Beispiele im Text finden und die entsprechenden Zeilen angeben

Belege oder Beispiele stehen meist in der Nähe der Aussagen, die sie stützen sollen. Geben Sie möglichst alle entsprechenden Textstellen an.

3 Begründungen im Text finden

Oft werden Aussagen im Text auch mit Argumenten belegt. Finden Sie die Argumente, die der Text liefert.

4 Überprüfen, ob sich allgemeine Schlussfolgerungen aus dem Text ableiten lassen

Oft werden aus einem Text allgemeine Schlussfolgerungen gezogen. Achten Sie darauf, ob diese Schlussfolgerungen sich tatsächlich aus dem Text ableiten lassen.

5 Aussagen durch Zitate belegen

Kennzeichnen Sie den Anfang und das Ende eines Zitats mit An- und Abführungszeichen.
- Zitieren Sie wortgetreu.
- Kennzeichnen Sie Auslassungen durch […].
- Kennzeichnen Sie Hinzufügungen mit Klammern.

Beispiel: *„Er [der Kaffee] wird weltweit getrunken."*

Begriffe erklären

1 Aufgabe
Erklären Sie die folgenden Gegenstände, indem Sie jeweils einen passenden Oberbegriff nennen und dann die Besonderheiten des Gegenstands beschreiben.

a) Pipette
b) Hammer
c) Zirkel
d) Uhr
e) Fahrrad
f) Sofa

2 Aufgabe
Notieren Sie eine Erklärung für die folgenden Begriffe, indem Sie andere Wörter der Wortfamilie verwenden.

a) ehelichen
b) verstaatlichen
c) verinnerlichen
d) versachlichen
e) automatisieren
f) datieren
g) demokratisieren
h) digitalisieren

3 Aufgabe
Schreiben Sie jeweils eine kurze Worterklärung, indem Sie bedeutungsgleiche (a – c) oder gegensätzliche Begriffe (d – f) verwenden.

a) jemanden diskriminieren
b) etwas reglementieren
c) imitieren
d) fixieren
e) halbieren
f) jemanden integrieren

4 Aufgabe
Notieren Sie jeweils eine kurze Worterklärung, die die unterstrichenen Wortteile nicht benutzt.

a) <u>Online</u>bewerbung
b) <u>Standard</u>formular
c) <u>Personal</u>chef
d) <u>Stress</u>situation
e) Verhaltens<u>norm</u>
f) <u>Beratungs</u>gespräch

5 Aufgabe
Schließen Sie aus dem Textzusammenhang auf die Bedeutung der unterstrichenen Begriffe und ersetzen Sie sie durch gebräuchlichere Begriffe. Notieren Sie nur die Begriffe.

a) Auch wenn das Verlöbnis ein Eheversprechen ist, kann auf <u>Eingehen der Ehe</u> nicht geklagt werden.
b) Sittenwidrige Verträge kommen nicht zustande, sie sind <u>nichtig</u>.
c) Vor Durchführung einer medizinischen Maßnahme, insbesondere eines <u>Eingriffs in den Körper</u> oder die Gesundheit, ist der <u>Behandelnde</u> verpflichtet, die Einwilligung des Patienten einzuholen. (§ 630d BGB)

Lösungshilfen

1 Den Begriff mithilfe eines Oberbegriffs erklären

Benennen Sie zuerst einen naheliegenden Oberbegriff und dann die besonderen Eigenschaften oder Funktionen.
Beispiel: *Mikroskop → optisches Gerät (Oberbegriff), das kleine Dinge stark vergrößert sichtbar macht (besondere Eigenschaft)*

2 Den Begriff mithilfe der Wortfamilie erklären

Wenn Sie ein bestimmtes Wort nicht kennen, suchen Sie andere Wörter aus derselben Wortfamilie. Benutzen Sie ein bekannteres Wort zur Erklärung.
Beispiel: *betonieren – Beton: mit einer Schicht aus Beton versehen*

3 Den Begriff ersetzen

Benutzen Sie zur Erklärung ein Synonym (bedeutungsgleiches Wort) oder ein Antonym (Begriff, der das Gegenteil ausdrückt).

4 Das Wort zerlegen und die einzelnen Teile erklären

Wenn ein zusammengesetzter Begriffs nicht verständlich ist, hilft es oft, einen Teil des Begriffs zu ersetzen oder zu erklären.
Beispiel: *Gesprächs<u>führung</u> = Art und Weise, wie man sich in Gesprächen verhält*

5 Den Begriff aus dem Zusammenhang erklären

Lesen Sie die ganze Textstelle, um das Thema und den Zusammenhang zu erkennen. Dann können Sie den Begriff durch einen besser verständlichen Begriff ersetzen. Manchmal muss der Satz auch umformuliert werden.

Wertungen im Text erkennen

1 Aufgabe
Markieren Sie die Wörter, die für Sie einen positiven bzw. negativen Beiklang haben, jeweils in einer anderen Farbe.

sozial, Netzwerk, hell, Fremdbewertung, zerstören, gebündelt, verbindlich, passieren, Zusammenleben

2 Aufgabe
Kennzeichnen Sie jeweils den Satz, in dem das unterstrichene Wort eine positive Wertung ausdrückt.

a) 1 Sie freuen sich sogar über den unendlichen <u>Strom</u> falscher Nachrichten.
   2 Dieser <u>Strom</u> wird zu 100 Prozent aus erneuerbarer Energie gewonnen.
b) 1 Er wirkt ganz schön <u>geschafft</u>.
   2 Endlich haben wir das <u>geschafft</u>!
c) 1 Auf diesen Stühlen sitzt man sehr <u>bequem</u>.
   2 Er drückt sich um diese Arbeit, dabei hätte er sie heute <u>bequem</u> erledigen können.
d) 1 Der Flug war wirklich <u>billig</u>.
   2 Das ist eine <u>billige</u> Ausrede.

3 Aufgabe
- Unterstreichen Sie in jedem Satz je einen wertenden Begriff.
- Erläutern Sie zu den Sätzen d) – g) jeweils, welche Wertung der Autor durch den unterstrichenen Begriff ausdrückt.

a) Heute sind leider viele Kinderspielsachen Robotern ähnlich.
b) Seltsamerweise interessieren sich viele Menschen für Roboter.
c) Die Kritik am Einsatz von Robotern ist jämmerlich.
d) Am Ende jedes zuckerwattigen Tages findet im Freizeitpark eine Parade statt.
e) Die Besucher stopfen sich mit Popcorn voll.
f) An vielen Verkaufsständen arbeiten Aushilfen und Billiglöhner.
g) Nur leidensfähige Studenten arbeiten hier längere Zeit.

Lösungshilfen

1 Auf den „Beiklang" eines Wortes achten

Viele Wörter haben nicht nur eine „sachliche" Bedeutung, sondern können auch mit einem Gefühl oder einer Wertung verbunden sein. Diese Wertung kann sich je nach persönlicher Erfahrung unterscheiden.

2 Wertungen im Textzusammenhang erkennen

Viele Wörter können je nach dem Textzusammenhang eine unterschiedliche Wertung (von negativ, neutral bis positiv) ausdrücken. Beispiele: *billig, flach*

3 Wertung und Information unterscheiden

Unterscheiden Sie die Information und die Wertung, die zu dieser Information ausgedrückt wird.

Sätze umformulieren

1 Aufgabe
Ersetzen Sie die unterstrichenen Wörter und Ausdrücke durch eine verständlichere Ausdrucksweise mit gleicher Bedeutung.

a) Das ist ein komplettes Unding.
b) Menschen wollen ihre Kräfte messen.
c) Sie müssen lernen, mit Tiefschlägen umzugehen.
d) Viele wollen keine codierte Rückmeldung bekommen.
e) Man sollte nicht um den heißen Brei herumreden.
f) Schulnoten sind kein Garant für Erfolg.

2 Aufgabe
Ersetzen Sie in jedem Satz mindestens zwei Substantive durch eine verbale Ausdrucksweise.

a) Bei vielen Menschen stoßen Noten zur Leistungsmessung auf Ablehnung.
b) Seiner Ansicht nach ist die Vergabe von Noten eine starke Motivationsbremse bei den Schülern.
c) Bei einer Abschaffung von Noten dienen meist Berichte als Ersatz.
d) Die Entwicklung gemeinsamer Projekte führt oft zu einer besseren Ausschöpfung der Talente der Schüler.

3 Aufgabe
Formulieren Sie das Satzgefüge so um, dass mehrere kurze Hauptsätze entstehen.

a) Es gibt einige Mitarbeiter, die bei der Arbeit lieber ihren eigenen Laptop benutzen als den firmeneigenen Computer, der vielleicht zu langsam oder mit veralteter Software bestückt ist, was die Nutzer nur nervt, obwohl das Beharren auf dem eigenen Gerät den Umgang mit dem Datenschutz nicht einfacher macht.
b) Für Beschäftigte ist das Arbeiten mit den eigenen Geräten nicht nur vorteilhaft, wenn man nur an die Anschaffungskosten und den Arbeitsaufwand bei der Einrichtung denkt oder an die schwierige Trennung von Beruf und Freizeit, zumal in den Fällen, in denen berufliche E-Mails auf dem Smartphone empfangen werden.

4 Aufgabe
Formulieren Sie die Sätze jeweils so um, dass die Informationen konkreter verdeutlicht werden.

a) Die berufliche Aufstiegsmobilität hat abgenommen.
b) Die meisten Menschen konnten den niedrigeren Bildungsstatus der Elterngeneration überwinden.
c) Die Zahl der Erwachsenen mit einer hohen Überschuldungsintensität ist gestiegen.
d) Langzeitarbeitslose haben vom Jobboom nicht proportional profitieren können.

Lösungshilfen

1 Wörter und Ausdrücke durch bedeutungsgleiche Ausdrucksweise ersetzen

Schwer verständliche Wörter (z. B. Fremdwörter) und unklare Ausdrücke können Sie durch bedeutungsgleiche Wörter ersetzen.

2 Substantive durch Verbformen ersetzen

Oft kann man statt eines Substantivs ein Verb aus derselben Wortfamilie verwenden.
Beispiel:
Ablehnung → ablehnen

3 Kürzere Sätze formulieren und aus einem Satz mehrere Sätze bilden

Kurze Sätze sind leichter zu erfassen.
Knüpfen Sie mit hinweisenden Wörtern an Inhalte des vorherigen Satzes an.
Beispiele:
Diese (Bezug zu einem Begriff im Satz davor) *sind veraltet …*
Das gilt besonders morgens.

4 Abstrakte Ausdrucksweisen konkreter formulieren

Wenn Sie die Informationen konkreter ausdrücken, sind sie meist besser verständlich. Oft ist es sinnvoll, einen abstrakten Begriff (meist ein Substantiv) mit mehreren Wörtern oder einem ganzen Satz auszudrücken.
Beispiel:
In diesem Bereich gibt es einen Beförderungsengpass.
→ In diesem Bereich gibt es nur geringe Chancen, auf eine höhere Stufe befördert zu werden.

Sätze und Texte kurzfassen

1 Aufgabe

- Streichen Sie so viele Teile des Satzes, bis schließlich der Kern der Aussage übrig bleibt.
- Formulieren Sie dann eine Frage zu den restlichen Teilen des Satzes.

a) In Zeiten von Feinstaubalarm, verstopften Innenstädten und gestiegenem Umweltbewusstsein rückt das Fahrrad stark in den Blickpunkt.
b) Unter dem Druck der Verhältnisse vor allem in Ballungsräumen muss eine Alternative zum Auto gefunden werden.
c) Daher wird man die Infrastruktur für Radfahrer vom Freizeit- zum Berufsverkehr umrüsten.

2 Aufgabe

- Markieren Sie den Kern der Aussage im jeweiligen Satzgefüge.
- Notieren Sie dann bei b) und c) jeweils die Kernaussage in Stichworten.

a) Dass sich das Fahrrad vom Freizeit- zum Massenfortbewegungsmittel entwickelt hat, zeigt allein die Tatsache, dass laut einer Untersuchung 39 % der Deutschen mit dem Fahrrad zur Arbeit oder zur Ausbildungsstätte fahren.
b) Die hohe Anzahl an E-Bikes, die die Nutzungsmöglichkeit des Fahrrads deutlich vergrößern, verändert die Einsatzmöglichkeiten dieses Fortbewegungsmittels drastisch.
c) Aus Untersuchungen, die im letzten Jahr in 25 Ballungsräumen durchgeführt wurden, geht hervor, dass sich Radfahrer neue Wege und Abstellmöglichkeiten wünschen.

3 Aufgabe

Fassen Sie den folgenden Text in wenigen Sätzen zusammen. Benutzen Sie für einen Teil des Textes einen Oberbegriff.

Wissenschaftler haben herausgefunden, dass Ratten – wie auch Menschen – am Bauch besonders kitzlig sind. Sie untersuchten die Frage, warum Menschen und Tiere gerade am Bauch so kitzlig sind.

Es könnte sein, dass man dort so empfindlich reagiert, weil dieser weiche Teil des Körpers im Kampf besser geschützt werden soll. Dazu passt auch, dass der Gekitzelte eine Abwehrhaltung zeigt. Es ist auch gut möglich, dass das Kitzeln eine soziale Funktion hat, da Eltern gerne Kinder kitzeln und so im Spiel eine Bindung zwischen Kind und Eltern aufgebaut wird. Zudem könnte das Kitzelspiel ein Training für den harten Lebenskampf sein. Denn trotz der Abwehr des Kindes wird der Angreifer durch Lachen zum Weitermachen verleitet.

Lösungshilfen

1 Durch die Wegstreichprobe zum Kern der Aussage kommen

Reduzieren Sie den Satz auf Subjekt und Prädikat (mit Ergänzung), um zunächst den Kern der Aussage zu erfassen. Stellen Sie – davon ausgehend – Fragen zu den restlichen Teilen des Satzes, z. B.: *Warum kommt es zu dieser Entwicklung?*

2 Den Kern der Aussage in Stichworten formulieren

Die Stichworte müssen auch ohne Kenntnis des Textes verständlich sein und dem Sinn des Originals entsprechen. Beispiel zu Aufgabe 2 a): *Die Entwicklung des Fahrrads vom Freizeit- zum Massenfortbewegungsmittel*

3 Zusammengehörendes unter einem Oberbegriff zusammenfassen

Fassen Sie Aussagen, die inhaltlich zusammengehören, unter einem Oberbegriff (z. B. *Gründe, Ideen, Maßnahmen*) zusammen.
Beispiel für die kürzeste Zusammenfassung:
Für den Zeitdruck wurden drei Gründe genannt.

Bei einer ausführlicheren Zusammenfassung können Sie die einzelnen Punkte zusätzlich auflisten.
Beispiel:
Für den Zeitdruck wurden drei Gründe genannt:
- *ständige Erreichbarkeit*
- *häufige Unterbrechungen*
- *keine genau definierte Arbeitszeit*

Die Argumentationsstruktur erkennen

1 Aufgabe
Notieren Sie in Stichworten jeweils das Thema und den aktuellen Zusammenhang.

a) Im Grundgesetz ist der Sonntagsschutz verankert. Das Bundesverwaltungsgericht in Leipzig hat nun ein neues Urteil gefällt, in dem festgelegt wird, in welchen Fällen Geschäfte am Sonntag geöffnet haben dürfen.

Thema: ______________________________

Zusammenhang: ______________________________

b) Die Jungen ziehen in die Stadt, viele Geschäfte stehen leer, die Einöde macht sich breit. Betroffen sind Dörfer und Kleinstädte, vor allem jene, in denen früher Fabriken und Gewerbebetriebe für reichlich Arbeit sorgten. Diese Anziehungskraft haben sie verloren. Die Auswirkungen sind verheerend: Die Trostlosigkeit auf der einen Seite, die rapide wachsenden Miet- und Wohnungspreise in den größeren Städten auf der anderen Seite. Dabei wäre das Geld jetzt da, denn die Staatseinnahmen sprudeln. Man könnte die günstige Situation nutzen und die Dörfer und Kleinstädte attraktiver machen.

Thema: ______________________________

Zusammenhang: ______________________________

2 Aufgabe
Markieren Sie in a) und b) jeweils die Forderung und die Begründung unterschiedlich.

a) Es wäre vernünftig, die Geschäfte am Sonntag grundsätzlich geschlossen zu halten. Die lästigen Diskussionen über mögliche Ausnahmen und die Streitereien über Ausnahmegenehmigungen wären dann überflüssig.
b) Wenn man etwas gegen steigende Mieten in den Ballungsräumen, verstopfte Großstadtstraßen und Landflucht tun will, muss man die kleinen Ortschaften stärken, damit mehr Menschen dort eine Perspektive sehen und es sich für sie wieder lohnt, dort zu bleiben.

Lösungshilfen

1 Das Thema und den aktuellen Zusammenhang beschreiben

Nennen Sie das Thema und beschreiben Sie, warum es wichtig oder aktuell ist oder in welchem Zusammenhang es zu einem größeren Thema steht.
Beispiel: In einem Text wird über verschiedene Teilzeitmodelle berichtet.
Thema: verschiedene Möglichkeiten der Arbeit in Teilzeit
Zusammenhang: Laut aktuellen Untersuchungen wird Teilzeitbeschäftigung immer beliebter.

Geben Sie wenn möglich an, wer von dem Thema oder Problem betroffen ist.

2 Behauptung / Forderung einerseits und Begründung andererseits unterscheiden

Eine Behauptung oder Forderung wird in einer Argumentation immer begründet. Meist gibt es mehrere Argumente (Gründe) für eine Behauptung oder Forderung. Manchmal werden statt Argumenten Beispiele genannt, die die Funktion der Begründung übernehmen.

3 Aufgabe

a) Markieren Sie in a) – c) jeweils die Behauptung.

a) Wer in einer Ortschaft auf dem Land wohnt, ist abgehängt. Wer eine Ausbildungsstelle sucht, muss den Ort verlassen. Das nächste Krankenhaus liegt mehr als 50 Kilometer entfernt, der Arzt ist schwer zu erreichen, der Bus fährt nur dreimal am Tag, viele Häuser verfallen. Selbst der Laden für den täglichen Bedarf kämpft ums Überleben.

b) Viele Beschäftigte sind gar nicht unzufrieden, wenn sie am Sonntag arbeiten müssen. Sie finden die Arbeit lockerer als sonst. Die Kunden kommen nämlich oft weniger gestresst in den Laden als an gewöhnlichen Werktagen, es ist mehr Zeit für ein Schwätzchen, die Beschäftigten freuen sich über Zuschläge für die Sonntagsarbeit oder einen freien Tag als Ausgleich.

c) Die kirchliche Bindung spielt bei der Ablehnung der Sonntagsarbeit nicht die wichtigste Rolle. In einer Befragung der Gewerkschaft Ver.di nannten 13 % der Beschäftigten religiöse und 69 % private Gründe für die Ablehnung der Sonntagsarbeit. 12 % gaben organisatorische Probleme bei der Gestaltung ihrer Freizeit an. Die restlichen Befragten wollten keine Angaben machen.

b) Kreuzen Sie an, in welchem Text [a), b) oder c)] Sie einen Beleg finden.

c) Bewerten Sie die Überzeugungskraft der beiden Beispiele mit den Noten 1 bis 6.

4 Aufgabe

Kreuzen Sie die Schlussfolgerung an, die am besten zu den Aussagen im Text in Aufg. 3 a) passt.

a) Das Wohnen auf dem Land muss man mögen.
b) Wer abgehängt ist, muss eben mobiler sein.
c) Das Wohnen auf dem Land kann anstrengend sein.

Lösungshilfen

3 Belege und Beispiele einschätzen

Mit Belegen und Bespielen werden Begründungen oft untermauert, manchmal auch ersetzt. Die Überzeugungskraft einer Argumentation hängt stark davon ab, ob treffende Beispiele und überzeugende Belege genannt werden.
Beachten Sie:
- *Belege* sind wissenschaftlich gesicherte Tatsachen oder beweisbares Wissen.
- *Beispiele* können auch aus der persönlichen Erfahrung stammen oder allgemein akzeptierte Erfahrungen oder Tatsachen sein.

4 Die Schlussfolgerung bewerten

Beachten Sie, dass sich eine Schlussfolgerung logisch aus der Argumentation ableiten lassen muss.

Literarische Texte verstehen

1 Aufgabe

Notieren Sie jeweils zwei mögliche Gedankengänge, die Sie persönlich mit den beiden zusammengefassten Romananfängen verbinden könnten.

a) Ein Mann steht auf und geht. Einen Augenblick zögert Thomas, dann verlässt er das Haus, seine Frau und seine Kinder. Mit einem erstaunten Lächeln geht er einfach weiter und verschwindet.
(Peter Stamm: Weit über das Land (Klappentext). Frankfurt/M.: S. Fischer 2016)

b) Im überheizten Lesesaal der Public Library in Chicago wechseln sie die ersten Blicke, bei einem Kaffee die ersten Worte. Eines Tages fordert Agnes ihn auf, ein Porträt über sie zu schreiben, sie will wissen, was er von ihr hält. Schnell zeigt sich, dass Bilder und Wirklichkeit sich nicht entsprechen – und dass die Phantasie immer mehr Macht über ihre Liebesbeziehung erhält.
(Peter Stamm: Agnes (Klappentext). Frankfurt/M.: Fischer TB-Verlag 2009)

2 Aufgabe

- Nennen Sie jeweils die Erzählperspektive, die in den folgenden Textauszügen umgesetzt wurde.
- Ordnen Sie dann den drei Erzählperspektiven die folgenden Begriffe zu: objektiv, subjektiv, objektiv wirkend, begrenztes Wissen, unbegrenztes Wissen, persönlich dargestelltes Wissen

a) Ich konnte ihren Blicken nicht ausweichen. Sie erinnerte mich an etwas, das ich nicht einordnen konnte, aber ich wollte es auch nicht genauer wissen.

b) Er konnte ihren Blicken nicht ausweichen, weil sie eine Erinnerung in ihm auslösten, die er nicht zuordnen konnte. Er würde nie erfahren, dass sie seine leibliche Schwester war, denn sie wollte es ihm nicht sagen.

c) Er konnte ihren Blicken nicht ausweichen, die eine Erinnerung in ihm auslösten, die er nicht zuordnen konnte. Warum kam sie ihm so bekannt vor? Welche Gefühle wurden da auf einmal wach? Er verstand es nicht.

3 Aufgabe

Notieren Sie, was an den unterstrichenen Ausdrücken besonders ist.

a) Die beiden verband eine <u>Hassliebe</u>.
b) Er war <u>schönste</u> Mann <u>auf Erden</u>.
c) Sie konnte mit ihrer <u>Brut</u> nichts anfangen.
d) Für sie waren das <u>Bedürfniszerstörer</u>.
e) <u>Selbstverliebt nannte sie ihn.</u>
f) <u>Ganz bewusst.</u>

Lösungshilfen

1 Die Bedeutung des literarischen Textes für einen selbst herausfinden

Stellen Sie Verbindungen zu Ihrem Leben, Ihren Wünschen, Ängsten oder Träumen her, auch wenn der Text auf den ersten Blick nichts mit Ihrem Leben zu tun hat.

2 Die Erzählperspektive des Textes klären

Stellen Sie fest, aus welcher Perspektive der Text geschrieben ist:
- aus der Ich-Perspektive,
- aus der Perspektive des allwissenden Erzählers oder
- aus der Perspektive einer Person.

Klären Sie, wie die Erzählperspektive beeinflusst, was der Leser erfährt.

3 Sprachliche Besonderheiten erkennen

Überprüfen Sie, ob der Text Wörter, Wortkombinationen oder Satzkonstruktionen enthält, die sich von der Alltagssprache unterscheiden. Beschreiben Sie die Wirkung dieser Besonderheiten.

Einen Schreibplan erstellen

1 Aufgabe

Streichen Sie in den Sätzen a) – d) die Angaben durch, die nicht der Situationsbeschreibung oder der Aufgabenstellung entsprechen.

Situation: Der Schulleiter Ihrer Berufsschule bittet Sie in einem Brief, zum Abschluss Ihrer Ausbildung zwei Dinge zu beschreiben, die Ihnen an der Berufsschule besonders negativ aufgefallen sind. Auch Verbesserungsvorschläge seien willkommen. Ansprechpartner dafür soll die Lehrerin Sonya Leiter sein. Sie kommen der Bitte des Schulleiters nach und schreiben Frau Leiter eine E-Mail.

a) Die Textsorte ist ein Brief / eine Beschreibung.
b) Empfänger ist der Schulleiter / Frau Leiter.
c) Anlass ist das Schreiben des Schulleiters / Ihre Berufsausbildung.
d) Ziel Ihrer E-Mail ist die Benennung / die Darstellung von zwei Kritikpunkten / die Benennung von Verbesserungsvorschlägen.

2 Aufgabe

Schreiben Sie die folgenden Satzanfänge ab und vervollständigen Sie sie.

a) Ich schreibe Ihnen, weil …
b) Mein Name ist … und ich habe die … besucht, weil …
c) Sie als Lehrerin der Schule kennen sicher …
d) Aber aus der Sicht eines Schülers möchte ich …

3 Aufgabe

Entwerfen Sie eine Mindmap, die alle Punkte des Hauptteils strukturiert: Benennen der Kritikpunkte, Beschreibung der Kritikpunkte, Verbesserungsvorschläge.

4 Aufgabe

Unterstreichen Sie die Textstellen, an denen nicht die passende Sprachebene gewählt wurde oder das Schreiben zu persönlich ist.

Hallo Frau Leiter,
Mein Name ist Ella und ich werde nächsten Monat meine Abschlussprüfung zur Chemikantin machen. Ihr Chef mit mich gebeten, Ihnen ein paar Punkte zu beschreiben, die mir an der WBS aufgestoßen sind. Da sind zuerst die Schulzeiten. Ich bin eine Langschläferin und finde es total daneben, wenn ich mitten in der Nacht schon in der Schule sein muss. Wissenschaftliche Studien haben auch belegt, dass Schülerinnen und Schüler frühestens ab 9 Uhr leistungsfähig sind. Deshalb schlage ich vor, die Schulzeiten nach hinten zu verlegen.
Außerdem ist das Essensangebot mies. Aber das kann mir ja eigentlich egal sein, weil ich nicht mehr lange an Ihrer Schule bin.
Hochachtungsvoll
Ihre Ella

Lösungshilfen

1 Die Aufgabe analysieren

Lesen Sie die Aufgabenstellung und die Situationsbeschreibung genau durch und notieren Sie:
- Thema
- Textsorte
- Empfänger und Anlass
- Ziel

Achten Sie auf Verben wie „beschreiben“ oder „erklären“, die angeben, was Sie tun sollen.

2 Mögliche Anknüpfungspunkte für die Einleitung finden

Notieren Sie z. B.
- Anlass des Schreibens und persönliche Bezüge
- persönliche Erfahrungen bzw. Wissensstand Ihres Ansprechpartners
- Gemeinsamkeiten und Unterschiede zwischen Ihnen und Ihrem Ansprechpartner

3 Inhalte für den Hauptteil sammeln und ordnen

Benutzen Sie eine Mindmap oder eine Tabelle, um die Inhalte zu ordnen. Behalten Sie dabei den Empfänger und das Ziel Ihres Textes im Auge.

4 Die passende sprachliche Ebene wählen und die Form beachten

Beachten Sie, welche Gestaltungsmerkmale für die Textsorte verwendet werden sollten.
Benutzen Sie die Sprachebene, die angebracht ist. Entscheiden Sie, wie persönlich oder wie sachlich Ihre Äußerungen sein sollen, und wählen Sie die passende Anrede- bzw. Höflichkeitsform.

Passende Formen der Höflichkeit wählen

1 Aufgabe

Ordnen Sie den Schreibanlässen a) – c) jeweils eine angemessene Anredeform (1 – 7) zu.

a) Sie geben Ihrem Freund Leo eine Anleitung, wie er eine bestimmte Software nutzen kann.
b) Sie bewerben sich bei einem großen Unternehmen und sollen die Unterlagen zu Händen von Elisabeth Probst senden.
c) Sie sind von der Stadtverwaltung aufgefordert worden, Vorschläge für Lärmschutzmaßnahmen in Ihrem Wohngebiet zu machen. Sie schreiben an das angegebene Amt.

1 Sehr geehrte Damen und Herren,	2 Hallo, 3 Hallo, Frau Probst, 4 Liebe Frau Probst	5 Hallo, lieber Leon, 6 Guten Tag, 7 Sehr geehrte Frau Probst,

2 Aufgabe

Entscheiden Sie, welcher Betreff (1, 2 oder 3) für den Adressaten genau und eindeutig formuliert und vollständig ist.

Die Geschäftsleitung Ihres Unternehmens hat ein neues Modell der Arbeitserfassung ausgearbeitet und bittet Sie, dazu Stellung zu beziehen. Das Schreiben wurde laut Briefkopf am 19.02.2018 verfasst.

1 Stellungnahme zur geplanten Arbeitszeiterfassung
Ihr Schreiben vom 19.02.2018

2 19.02.2018
Arbeitszeiterfassung

3 Stellungnahme

3 Aufgabe

Ordnen Sie die Briefschlüsse a) – d) jeweils einem Punkt (1 – 4) auf der folgenden Skala zu.

1	2	3	4
sehr vertraut	höflich / neutral	eilig oder verärgert	distanziert / etwas veraltet

a) Wir sind Ihnen dankbar für eine vollständige Berichterstattung.
Hochachtungsvoll
b) Ich freue mich, wenn ich Sie auf diese Weise unterstützen konnte.
Mit freundlichen Grüßen
c) Ich hoffe, meine Ausführungen können Sie überzeugen.
Gruß
d) Wenn du weitere Fragen hast, kannst du dich jederzeit melden.
Liebe Grüße

Lösungshilfen

1 Die angemessene Anrede wählen (Mail, Brief)

Vergessen Sie in Schreiben niemals die Anrede. „Sprechen“ Sie den Adressaten mit Namen an, wenn er Ihnen bekannt ist.
Im Zweifelsfall wählen Sie besser eine förmlichere Anredeform *(Sehr geehrte …)* als eine zu lockere.
Schreiben Sie bei sachlicher Kommunikation auch an Freunde nicht zu salopp *(Hi, …)*.

2 Den Betreff kurz und informativ formulieren

Verfassen Sie den Betreff in Stichworten.
Achten Sie darauf, dass er den Kern Ihres Schreibens wiedergibt, damit die Mail nicht gelöscht oder der Brief an die falsche Stelle geleitet wird.
Wenn Sie sich auf ein vorangegangenes Schreiben beziehen, notieren Sie unter dem Betreff das Aktenzeichen oder das Datum dieses Schreibens.

3 Das Schreiben höflich abschließen

Wenn möglich sprechen Sie den Empfänger am Ende noch einmal freundlich an, z. B. mit einem Wunsch oder einem Dank.
Schließen Sie mit einem freundlichen Gruß, der zur Situation und zum Empfänger passt.

Einen schriftlichen Kontakt anknüpfen und begründen

1 Aufgabe
Formulieren Sie in ein bis zwei Sätzen das Thema und Ihre Bereitschaft, sich dazu zu äußern.

a) Eine Behörde will untersuchen, wo die bestehenden Hygienevorschriften beizubehalten sind und wo sie gelockert werden sollten, um die Arbeit nicht unnötig zu erschweren. Dazu sucht sie Personen, die von ihren Erfahrungen mit Hygienevorschriften berichten.
b) Ein Journalist will einen Artikel über den Wandel der Etikette beim Umgang mit Kunden und beim Auftreten in der Öffentlichkeit verfassen. Der Arbeitstitel lautet: ‚Oben ohne' (gemeint: ohne Krawatte). Es geht dabei z. B. um Kleidervorschriften und das äußere Erscheinungsbild. Der Journalist sucht Arbeitnehmer, die ihm über ihre Erfahrungen berichten.

2 Aufgabe
Situation: Die Berufsgenossenschaft macht eine Umfrage zum Thema „Sicherheitsmaßnahmen am Arbeitsplatz".
Kreuzen Sie zwei Informationen an, an denen die Berufsgenossenschaft erkennen kann, wie gut Sie sich mit dem Thema auskennen.

1 Ihr genaues Alter
2 Ihre Berufserfahrung in Jahren
3 Ihre hauptsächlichen Tätigkeiten
4 Ihre Stellung im Betrieb
5 Ihr ungefähres Einkommen
6 Ihren Geburtsort
7 Ihre Schulbildung
8 Ihre Wohnadresse

3 Aufgabe
Unterstreichen Sie jeweils das Thema, das mit der Erfahrung der Person verknüpft wird.

a) Zu meiner Person: Seit zwei Jahren mache ich eine Ausbildung als Mechatronikerin in einem mittelständischen Unternehmen. Dabei bin ich mit allen Sicherheitsvorschriften vertraut gemacht worden, die in meinem Beruf gelten.
b) Meine Ausbildung als Bankkaufmann habe ich gerade abgeschlossen. Da wir in unserem Beruf häufig mit Kundschaft in Kontakt sind, kann ich Ihnen über die Kleidervorschriften und das Auftreten gegenüber Kunden berichten. Dabei werde ich auf die Veränderungen eingehen, die es im Laufe der drei Jahre auf diesem Gebiet gegeben hat.
c) Wie du weißt, habe ich mich vor dreieinhalb Jahren hier in unserem Betrieb beworben. Wenn du dich also auch bei uns bewerben willst, musst du beachten, was sich inzwischen geändert hat und worauf heute besonders Wert gelegt wird.

Lösungshilfen

1 Den Anlass des Schreibens nennen

Nennen Sie in ein bis zwei Sätzen das Thema, zu dem Sie sich äußern wollen.
Wenn Sie auf einen konkreten Kommentar, einen Artikel o. Ä. reagieren, nennen Sie diesen kurz am Anfang Ihres Schreibens.
Beispiel:
Dem Kommentar Nr. 21 von Hano07 kann ich nur zustimmen. Auch bei uns …

2 Die eigene Kompetenz für das Thema begründen

Zeigen Sie kurz auf, warum Sie sich mit dem Thema gut auskennen.
Überlegen Sie, was der andere über Sie wissen sollte, um Sie als kompetent zu betrachten.
Beispiele:
- *Ich habe soeben meine Ausbildung als … beendet* (und kann deshalb über die Ausbildungszeit Angaben machen).
- *Ich war von … bis … zwei Jahre Jugendvertreter* (und kann deshalb einiges zur Mitbestimmung sagen).

3 Die eigene Person mit dem Thema verknüpfen

Zeigen Sie auf, was das Thema (z. B. Hygiene) mit Ihren Erfahrungen zu tun hat.
Beispiel:
In unserem Beruf ist Hygiene sehr wichtig. Während meiner Ausbildung habe ich in verschiedenen Bereichen gearbeitet und überall die entsprechenden Hygienemaßnahmen kennengelernt und angewendet.

Gespräche strukturieren und Ergebnisse protokollieren

Situation:
Andreas Leschek ist gelernter Kfz-Mechatroniker, 23 Jahre alt und arbeitet mit weiteren 14 Mitarbeitern, davon 4 Auszubildenden, als Geselle in der Kfz-Werkstatt von Daniel Wonke in Heilbronn. Nun möchte er sich gern weiterbilden und einen Schweißkurs machen. Dazu hat er sich auch über die gesetzlich garantierte Bildungszeit (Weiterbildung mit Lohnfortzahlung) informiert.
Am 19. Mai dieses Jahres trifft er sich um 10:00 Uhr mit seinem Chef in dessen Büro, um über seine Weiterbildungspläne zu sprechen.

Gespräch:

Herr Leschek: Von meinen Plänen, einen Schweißkurs zu machen, habe ich Ihnen ja schon erzählt. Ich habe nun einen anerkannten Kursanbieter in Mannheim gefunden, bei dem ich einen 2-tägigen Schweißkurs machen könnte, und zwar am 12. und 13. Oktober.

Herr Wonke: Also noch dieses Jahr? (Herr Leschek nickt.) Das gefällt mir gar nicht. Sie wissen doch, dass wir bis Weihnachten stark ausgelastet sind. Jetzt ist bald Urlaubszeit. Da bleibt einfach viel liegen. Und für ein paar Monate kann ich keinen einstellen. Die ausfallende Arbeitszeit wollen Sie vermutlich auch noch bezahlt bekommen?

Herr Leschek: Ja, so steht das auch im Gesetz.

Herr Wonke: Das muss ich erst mal nachprüfen. Haben Sie denn nicht noch ein paar Tage Resturlaub?

Herr Leschek: Zwei Tage habe ich noch. Die habe ich aber schon für einen anderen Zweck verplant.

Herr Wonke: Hm, so einfach ist das aber alles nicht. Der Pinto hat im März auch schon einen Weiterbildungskurs besucht. Da muss ich erst mal prüfen, ob Sie rechtlich überhaupt einen Anspruch auf Bildungszeit dieses Jahr haben. Für unseren Betrieb gibt es auch gar keine Notwendigkeit, dass Sie diesen Kurs besuchen. Wir vergeben doch alle Schweißarbeiten an die Firma Maas.

Herr Leschek (nickt leicht): Das stimmt. Ich möchte diesen Kurs aber trotzdem machen. Und die nächste Möglichkeit für einen solchen Kurs gibt es erst wieder im nächsten Frühjahr, im April.

Herr Wonke: Auch wenn Sie nach dem Gesetz ein Recht hätten, den Kurs dieses Jahr zu machen, schlage ich vor, dass Sie ihn im April des nächsten Jahres machen. Ich würde Ihre Weiterbildung dann schon fest einplanen, damit könnten Sie sicher sein, dass es mit dem Kurs klappt. Das mit der Lohnfortzahlung schau ich noch mal nach, und dann könnten wir uns in einer Woche um die gleiche Uhrzeit noch einmal zusammensetzen. Sie bringen das Antragsformular gleich ausgedruckt mit. Und vergessen Sie nicht das Programm des Kursträgers. Ich muss ja Ihre Angaben prüfen, später auch Ihre Teilnahme. Können Sie damit leben?

Herr Leschek: Eigentlich hatte ich das anders geplant, aber ich nehme Ihr Angebot an. Danke.

1 Aufgabe

Notieren Sie das Thema, um das es in dem Gespräch zwischen Herrn Leschek und Herrn Wonke geht, und die Struktur des Gesprächs.

Thema: … Struktur des Gesprächs: 1. …
2. …
3. …

2 Aufgabe

Legen Sie eine zweispaltige Tabelle an (s. u.). Notieren Sie stichwortartig die Aussagen und Positionen von Herrn Leschek und Herrn Wonke im Gesprächsverlauf bis zu ihrer Einigung.

	Andreas Leschek	**Daniel Wonke**
1	*Schweißkurs dieses Jahr*	
2 usw.		

3 Aufgabe

Notieren Sie in eigenen Worten die Einigung, die Herr Leschek und Herr Wonke erzielen.

4 Aufgabe

Schreiben Sie ein kurzes Protokoll, in dem Sie das Anliegen von Herrn Leschek, den Streitpunkt und das Ergebnis des Gesprächs festhalten.
- Gestalten Sie den Protokollkopf mit den Angaben zu Ort, Zeit, Thema und den Gesprächsteilnehmern in Tabellenform.
- Ergänzen Sie die fehlenden Teile in der Textvorlage.

Protokoll

Herr Leschek trägt sein Anliegen vor, dass er ____________________

____________________ (indirekte Rede)

Nach einer kurzen Aussprache über den ____________________

____

einigen sich beide Gesprächspartner auf den Vorschlag von Herrn Wonke:

____

____

____________ ____________ ____________
(Protokollant) Herr Wonke Herr Leschek

Lösungshilfen

1 Das Thema und den Aufbau des Gesprächs benennen

Nennen Sie das Thema, um das es in dem Gespräch geht (z. B. *Urlaub beantragen*), und eventuell weitere Gesichtspunkte, die damit zusammenhängen (z. B. *rechtlicher Anspruch auf Urlaub, Urlaub als Gesundheitsvorsorge*).
Machen Sie sich den Aufbau (die Struktur) des Gesprächs klar, z. B.
1. Ausgangslage,
2. die Positionen der Gesprächsteilnehmer,
3. Ergebnisse.

2 Die verschiedenen Positionen herausarbeiten

Stellen Sie die Positionen der Gesprächsteilnehmer dar und beschreiben Sie, ob und wie sich die Positionen verändern (z. B. indem die Gesprächsteilnehmer aufeinander reagieren).

3 Das Ergebnis festhalten

Halten Sie fest, welche Ergebnisse im Gespräch erzielt werden, oder stellen Sie fest, dass kein Ergebnis erreicht wurde.

4 Ein Gespräch protokollieren

Nennen Sie die Teilnehmer sowie Ort, Zeit und Thema des Gesprächs. Diese Angaben können Sie in Tabellenform oder (bei wenigen Gesprächsteilnehmern) als Text gestalten.
Im Hauptteil fassen Sie die Ergebnisse zusammen. Dabei geben Sie wichtige Positionen oder Aussagen genau wieder.

Einen Text übersichtlich gestalten

Lara Thiede

Ins kalte Wasser

Tobias sitzt vor einem langen, schwarzen Fließband, alle drei Minuten bleibt ein neuer Motor vor ihm stehen. Inzwischen kennt er die meisten Modelle. Da weiß er wenigstens, womit er sich beeilen muss. Aber wenn es ein „Sondermotor“ ist, ist Tobias aufgeschmissen. Er hat keine Ahnung, an welche Stelle er welches Bauteil schrauben soll. Sein Ansprechpartner ist nicht mehr für ihn zuständig, Tobias ist nach einer Woche hier offiziell eingearbeitet und auf sich gestellt. „In solchen Fällen schreit man einmal quer durch die Halle und hofft, dass jemand reagiert“, sagt er. Denn in drei Minuten kommt schließlich schon der nächste Motor. Da bleibt keine Zeit für schüchternes Vorgeplänkel oder um Arbeitsanweisungen zu studieren, die wohl irgendwo im PC hinter ihm zu finden wären.

So skizziert Tobias ein Jahr später seine Anfangszeit als Motorschlosser bei einem großen Fahrzeughersteller. Nur an einem seiner 25 Arbeitsplätze wurde er drei Tage lang von einem Kollegen angelernt. An jedem anderen Platz am Band sollte er sich schon nach einer Stunde alleine zurechtfinden. Dabei, so meint er heute, bräuchte man einen Tag dafür. Dass sich junge Menschen oft schwer mit dem Berufseinstieg tun, ist klar: Alles ist fremd und ungewohnt, man bekommt ganz neue Aufgaben, lernt Dutzende Menschen kennen, spürt eine andere Art von Druck als in Schule und Studium. In der Arbeitswelt fängt das Lernen oft erst richtig an.

Deshalb sollten Unternehmen eigentlich dafür sorgen, dass sich die neuen Mitarbeiter schnell wohlfühlen und zurechtfinden. Dass sie das meistens nicht tun, weiß Unternehmensberater Francesco Fusaro aus Erfahrung. Er schätzt, dass etwa 50 Prozent aller Neuangestellten schlecht bis gar nicht eingearbeitet werden. Und der Großteil der anderen Hälfte würde nur nach einem Standardprozedere angelernt. Das funktioniere zwar ganz gut, lasse aber die eigentlichen Qualitäten der neuen Mitarbeiter oft außen vor. „Viel zu selten wird die Einarbeitung interaktiv gestaltet“, findet Fusaro. „Dabei sind neue Mitarbeiter die besten Kritiker. Sie decken Schwachstellen auf, weil sie weniger befangen sind als ihre Kollegen. Das wäre der erste Schritt zur Unternehmensoptimierung. Stattdessen wird oft nur von ihnen erwartet, sich schnell anzupassen.“ […]

Nicht jedes Unternehmen hat das Glück, dass ein schlecht angelernter Mitarbeiter trotzdem Gutes leistet. Vielen Arbeitgebern verursacht der Aberglaube, durch schlampige Einarbeitung Zeit und Geld zu sparen, großen wirtschaftlichen Schaden. Nicht nur, weil die Mitarbeiter dann weniger effizient sind und oft Fehler machen, deren Korrektur deutlich länger dauert als gründliches Anlernen. Vielen neuen Mitarbeitern fällt durch die eigene mangelnde Einarbeitung auf, dass das Unternehmen schlecht organisiert ist oder sie nicht wertschätzt. Ein Mensch ist kein Bauteil, ein Team keine Maschine. Man kann nicht einfach kurz Stopp drücken, ein neues Zahnrad einbauen, und alles läuft wieder.

(jetzt-Magazin (Süddeutschen Zeitung), 16.10.2017)

Worterklärungen

Z. 19 f. das Standardprozedere: die routinemäßige Vorgehensweise
Z. 21 interaktiv: wechselseitig aufeinander reagierend
Z. 27 f. effizient: wirkungsvoll, einen großen Nutzen bringend

1 Aufgabe
Der zweite Absatz des Textes soll in zwei Abschnitte geteilt werden.

a) Zeichnen Sie im Text eine Trennlinie ein, wo das neue Thema beginnt.
b) Notieren Sie die beiden Themen der zwei Abschnitte.

____

____

2 Aufgabe
Ergänzen Sie, wie angegeben, Zwischenüberschriften zu den Absätzen 1, 3 und 4.

Absatz 1
Eigene Formulierung der Kernaussage (2):

____

Frage (4): *Kann man nach einer Woche eingearbeitet sein?*

Absatz 3

Zitat (1): ____________________

Eigene Formulierung der Kernaussage (2): *Schnelle Einarbeitung statt Nutzung der Qualitäten der neuen Mitarbeiter.*

Abstrakter Begriff (3): ____________________

Absatz 4
Eigene Formulierung der Kernaussage (2): ____________________

____

Zitat (1): ____________________

____

3 Aufgabe
Kreuzen Sie an, mit welchem Bild man den Text auflockern könnte.

Lösungshilfen

1 Klar in Abschnitte gliedern

Gliedern Sie einen Text in sinnvolle Abschnitte (Absätze), um das Lesen und Verstehen zu erleichtern.
Lassen Sie vor jedem neuen Gesichtspunkt oder neuen Thema eine Leerzeile Abstand.

2 Mit Zwischenüberschriften den Anreiz zum Lesen erhöhen

Gliedern Sie längere Texte auch mit Zwischenüberschriften.
Die Zwischenüberschrift kann
(1) ein kurzes Zitat aus der Kernaussage (= inhaltlich bedeutungsstärkste Aussage) des folgenden Abschnitts,
(2) eine eigene Formulierung der Kernaussage,
(3) eine Abstrahierung (z. B. *Behauptung, Argument 1, Konsequenz, Schlussfolgerung*) oder
(4) eine Frage sein, die im Abschnitt danach beantwortet wird.

Ein Zitat müssen Sie in diesem Fall nicht kennzeichnen.

3 Die Seite mit Freiräumen und Bildern auflockern

Erhöhen Sie die Freude am Lesen durch Freiräume auf der Seite oder ein zum Text passendes Bild.

Einen Text kommentieren

Jan Stremmel

Loben und loben lassen

[...] Ein paar Zahlen vorneweg: Ein Fünftel des deutschen Einzelhandels wird heute übers Internet abgewickelt (Lebensmittel ausgenommen), Tendenz stark steigend. Die wichtigste Entscheidungshilfe für Kunden, das ergab neulich eine Studie des Branchenverbands Bitkom, sind die Bewertungen anderer Käufer. Von denen allerdings sind schätzungsweise 50 bis 80 Prozent gefälscht, je nach Portal und je nachdem, welchen Experten man fragt. Man kann festhalten: Sehr viele Deutsche geben jeden Tag sehr viel Geld aus, weil sie falschen Bewertungen aufsitzen. Warum wirkt es nur so, als sei das allen egal?

Herr Müller findet, wer „Kundenmeinungen“ wie der von Frau B. auf der Seite des Maklers glaubt, sei selbst schuld. „Kein Wort würde ich glauben!“ Müller kennt sich aus. Er selbst verkauft nämlich gute Bewertungen. [...] Aktuell kosten 60 Fünf-Sterne-Rezensionen bei ihm 549 Euro, mit Geld-zurück-Garantie. Den Text und die Überschrift der Rezension kann man auf Wunsch gleich selbst mitschicken, Müller und sein Team sorgen dann dafür, dass das Eigenlob unauffällig über verschiedene Accounts gepostet wird. Seit Anfang des Jahres ist Müller im Geschäft: „Es läuft.“
Sein echter Name soll lieber nicht gedruckt werden, sagt Müller, aber als Betrug will er seinen Dienst bitteschön nicht verstanden wissen. Eher als Nothilfe. „Wissen Sie, die große Problematik sind heute die Konkurrenten“, ruft er ins Telefon. „Die bewerten ihre Mitbewerber systematisch schlecht, und irgendwie müssen die ja wieder in den grünen Bereich kommen!“ [...] Betrüger seien die anderen – seine Konkurrenten. [...]

(Süddeutsche Zeitung, 29./30.04./01.05.2017)

1 Aufgabe

Markieren Sie das Thema, das sich am wenigsten für einen Kommentar eignet.

a) Was Schreibfehler über die Glaubwürdigkeit einer Bewertung aussagen.
b) Die große Zahl an gefälschten Bewertungen
c) Die Bedeutung von Bewertungen für Kunden
d) Der Verkauf von guten Bewertungen
e) Wer ist der Betrüger bei falschen Bewertungen?

2 Aufgabe

Formulieren Sie Ihre eigene Position zum Thema e) in Aufgabe 1.

____

____

____

3 Aufgabe

Begründen Sie Ihre Position zu Thema e) (Aufgabe 1) und nennen Sie mindestens ein Beispiel und ein konkretes Produkt.

____

____

____

____

4 Aufgabe

In den folgenden Sätzen werden zunächst verschiedene Argumente für eine andere Sichtweise genannt. Fügen Sie dann eine Schlussfolgerung mit kurzer Begründung hinzu.

Es mag zutreffen, dass unzufriedene Kunden öfter eine Bewertung abgeben und ihre Enttäuschung ausdrücken als Kunden, die zufrieden sind. Das könnte dazu führen, dass negative Wertungen im Netz überwiegen und dadurch ein falsches Bild entsteht. Außerdem kann es sein, dass die Konkurrenz schlechte Bewertungen ins Netz stellt. Eindeutig beweisbar ist das aber nicht. Deshalb kann man daraus

nicht das Recht ableiten, ______________________________

____

____

____

Lösungshilfen

1 Benennen, was Sie kommentieren

Wenn Sie einen Text kommentieren, konzentrieren Sie sich auf das Hauptthema (oder mehrere Themen, wenn dies verlangt wird). Teilen Sie zunächst mit, worauf Sie eingehen wollen.
Beispiel zu Aufgabe 1 d): *Schon öfter kam mir eine Bewertung im Netz unglaubwürdig vor. Dass aber Bewertungen verkauft werden, wusste ich bis jetzt nicht.*

2 Eine Position einnehmen

Beziehen Sie zu dem ausgewählten Thema Position.
Beispiel: *Für mich ist das, was die Person mit dem fiktiven Namen Müller tut, Betrug.*

3 Ihre Position begründen

Fügen Sie dazu Beispiele an oder Belege (Statistiken, wissenschaftliche Untersuchungen), falls Sie darüber verfügen.
Beispiel: *Wenn Herr Müller z. B. einen Arzt bewertet, den er nicht kennt und nie besucht hat, dann macht er frei erfundene Angaben und täuscht die Leser, die seine Aussagen für wahr halten. Das ist Betrug.*

4 Argumente für eine andere Sichtweise abwägen und eine Schlussfolgerung ziehen

Stellen Sie in einem Kommentar nicht nur Ihre eigene Sichtweise dar, sondern erwähnen Sie auch Argumente, die für eine andere Sichtweise sprechen.
Wägen Sie zwischen den Sichtweisen ab und kommen Sie dann zu einer Schlussfolgerung.

Visualisieren

1 Aufgabe

Geben Sie an, mit welcher der drei Standardstrukturen (1, 2 oder 3) Sie die folgenden Inhalte am besten visualisieren können.

a) Positionen von Vorgesetzten und Mitarbeitern in einer Werkstatt ____________

b) Der Ablauf der Ausbildung ____________

c) Montagestationen, die ein Produkt in der Herstellung durchläuft ____________

d) Teufelskreis der Armut ____________

e) Der Weg des Wassers ____________

2 Aufgabe

Tragen Sie die folgenden Einzelelemente in der richtigen Reihenfolge in das Ablaufschema M1 ein:

Loch bohren – ~~Dübel ins Loch drücken~~ – Dübel, Schraube und Bohrer auswählen – ~~Wand auf Leitungen und Rohre prüfen~~ – Schraube festschrauben – Bohrposition markieren

M1

Wand auf Leitungen und Rohre prüfen
Dübel ins Loch drücken

Lösungshilfen

1 Die passende Form für die Visualisierung finden

Entscheiden Sie, welche der drei **Standardstrukturen** zum Inhalt passt:
1. Reihung (zuerst → später, Ursache → Folge)
2. Hierarchische Struktur (übergeordnet / untergeordnet)
3. Kreislauf

2 Die richtige Reihenfolge finden

Meist ist die Reihenfolge durch den zeitlichen Ablauf festgelegt. Diese Reihenfolge ist aber oft auch sachlich notwendig.

3 Aufgabe

Lesen Sie Text M2. Ergänzen Sie dann das Strukturbild M3 durch passenden Text und passende Verbindungslinien.

M2

Für die Reparaturannahme und Durchführung einer Reparatur gilt beim Autohaus Willmer Folgendes:
Reparaturtermine werden vom Büro nach Rücksprache mit dem Werkstattleiter vergeben. Die Annahme des Kundenautos geschieht ausschließlich durch den Werkstattleiter. Der Arbeitsauftrag mit Zeitvorgabe wird vom Werkstattleiter an einen Mitarbeiter der Werkstatt gegeben. Nach Reparaturende wird der Arbeitsauftrag ausgefüllt dem Werkstattleiter übergeben. Probleme werden sofort mit dem Werkstattleiter besprochen. Die Wagenübergabe an den Kunden nimmt der Werkstattleiter vor.

M3

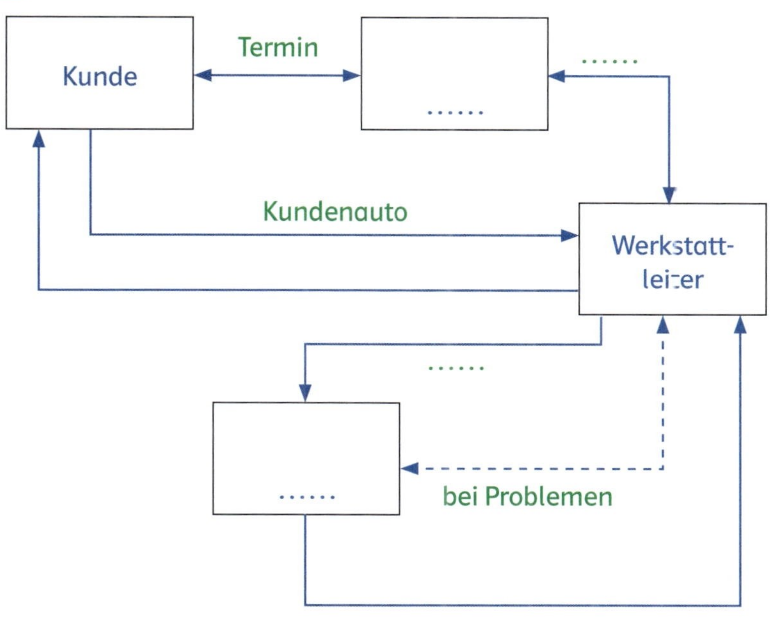

4 Aufgabe

Skizzieren Sie jeweils ein Diagramm mit den folgenden Zahlen:

a) Fieberwerte: Mo. 37,9 °C – Di. 38,2 °C – Mi. 39,7 °C – Do. 40,2 °C – Fr. 38,4 °C – Sa. 37,1 °C – So. 36,8 °C (Liniendiagramm)
b) Umsatzanteile einer Bäckerei: Brote 35 % – Brötchen 20 % – Kuchen und Gebäck 15 % – Kaffee 10 % – belegte Brötchen 20 % (Kreisdiagramm)
c) Fehlstunden von Auszubildenden im ersten und zweiten Ausbildungsjahr (Säulendiagramm)

Auszubildende / Monat	Oktober	November	Dezember
1. Jahr	56	66	72
2. Jahr	47	68	45

Lösungshilfen

3 Selbst ein passendes Strukturbild entwickeln

Bei komplexeren Inhalten können Sie die Standardstrukturen ergänzen oder selbst ein Strukturbild entwickeln. Dazu
- ordnen Sie die Einzelelemente übersichtlich an und
- ergänzen dann passende Verbindungslinien dazwischen. Zusätzlich können Sie erklärende Kommentare einfügen.

Beispiele:
- - - - schwache Verbindung
oder
═══ starke Verbindung

4 Zahlenangaben durch ein Diagramm darstellen

Wählen Sie jeweils den passenden Diagrammtyp:
- Kreisdiagramme für Prozentangaben,
- Liniendiagramme für Entwicklungen,
- Säulen- oder Balkendiagramme für Vergleiche und für Entwicklungen.

Kreisdiagramm

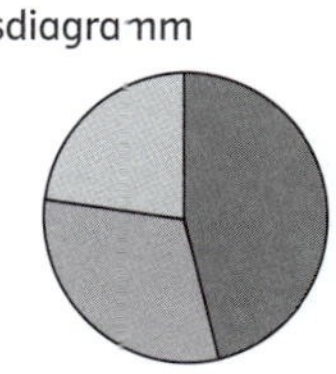

Liniendiagramm

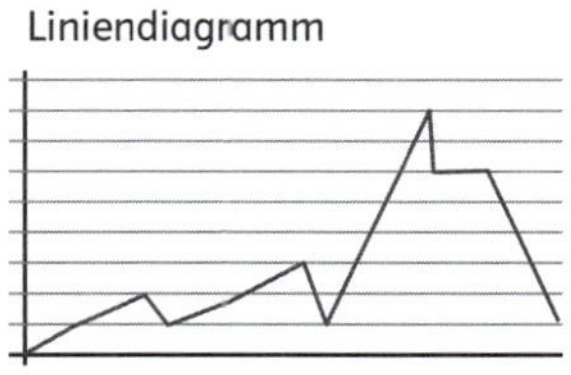

Säulendiagramm

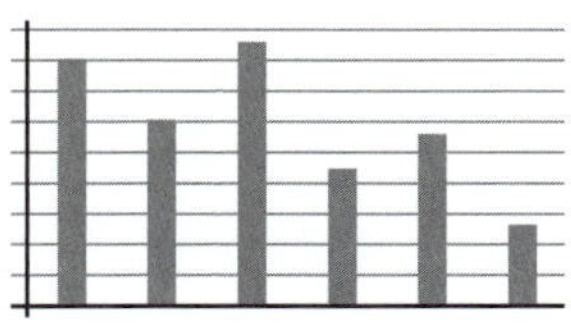

Einen literarischen Text interpretieren

Pedro Lenz

Die Tätowierung

Wir saßen uns in der Deutschen Bahn stundenlang gegenüber. Der Mann war ungefähr in meinem Alter. Er trug ein kurzärmeliges Hemd. Auf seinem rechten Unterarm sah ich eine Tätowierung: ein Kreuz, ein Lorbeerkranz und dazwischen ein Schriftzug, der schwer zu lesen war. Hin und wieder schaute ich unauffällig auf diese Tätowierung. Lange versuchte ich vergeblich das Wort über dem Lorbeerkranz zu entziffern. Dann sah ich, dass es „Hamburg" hieß.

In Hamburg war ich auch schon. Ich nahm das Wort zum Anlass, mit dem Mann ins Gespräch zu kommen. Ob er aus Hamburg stamme, fragte ich ihn und fügte an, mir gefalle Hamburg gut.

„Hamburg? Ich war noch nie in Hamburg!", sagte er in einem Tonfall, der mir klarmachte, dass er nicht daran interessiert war, mit mir Konversation zu machen.

„Ach so", meinte ich fast schon entschuldigend, „ich dachte bloß, Sie seien vielleicht ein Hamburger, weil ja da auf Ihrer Tätowierung Hamburg steht."

Der Mann schien verärgert und sagte: „Homburg, Homburg im Saarland, nicht Hamburg, Homburg. Das ist kein „A", das ist ein „O"!"

Dann schwiegen wir beide wieder. Die Bahnfahrt schien kein Ende nehmen zu wollen. Mehrmals sah ich unauffällig auf die Tätowierung des Mannes. Und ich hätte schwören können, dass es sich bei dem zweiten Buchstaben um ein „A" handelte. Aber ich sagte nichts, denn ich wollte den Mann nicht weiter verärgern.

Hamburg oder Homburg, das spielt ja letztendlich überhaupt keine Rolle, dachte ich. Und manchmal ist Schweigen das A und O einer friedlichen Bahnfahrt.

(aus: Franz Hohler (Herausgeber), 113 einseitige Geschichten, btb, München 2016, S. 103)

1 Aufgabe

Setzen Sie die fehlenden Informationen in die Lücken ein.

In der Geschichte (Titel) ____________________ von (Autor) ____________________ geht es um einen (wer?) ____________ und dessen ____________, die sich (wo?) in ____________ begegnen. Der Ich-Erzähler möchte mit dem ____________ ins Gespräch kommen, indem er ihn auf ____________ anspricht. Er merkt aber, dass sein Gegenüber ____________ ____________ will, und ____________. In der Geschichte geht es also um ____________________.

Lösungshilfen

1 Die Handlung zusammenfassen und das Thema des Textes benennen

Benennen Sie Titel und Autor. Fassen Sie die Handlung kurz zusammen (wer? wo? was?).

2 Aufgabe

a) Formulieren Sie in Stichworten, wie die folgenden Textstellen gedeutet werden können:

a) „Wir saßen uns in der Deutschen Bahn stundenlang gegenüber." … „Hin und wieder schaute ich unauffällig auf diese Tätowierung. Lange versuchte ich vergeblich das Wort über dem Lorbeerkranz zu entziffern." … „Ich nahm das Wort zum Anlass, mit dem Mann ins Gespräch zu kommen." … „Aber ich sagte nichts […]."

b) „[…] sagte er in einem Tonfall, der mir klarmachte, dass er nicht daran interessiert war, mit mir Konversation zu machen." … „[…] ich dachte bloß […]." … „Der Mann schien verärgert […]." … „[…] ich wollte den Mann nicht weiter verärgern."

b) Kreuzen Sie diejenigen Deutungen an, die nicht ganz stimmig sind, weil sie Teilen des Textes widersprechen. Notieren Sie, welche Widersprüche Sie zum Text sehen.

a) Die Geschichte zeigt, dass es manchmal schwierig ist, mit fremden Menschen ins Gespräch zu kommen, auch wenn man sich sehr darum bemüht.
b) Die Geschichte zeigt, dass man nicht rechthaberisch sein sollte und dass es besser ist, wenn man anderen kein Gespräch aufzwingt.
c) Die Geschichte zeigt, dass Ton und Inhalt des Gesagten oft nicht übereinstimmen und man immer auf den Tonfall hören sollte.

3 Aufgabe

Streichen Sie die nicht zutreffenden Worte in den folgenden Sätzen.

a) Der Ich-Erzähler beschreibt das Geschehen aus einer subjektiven / objektiven Perspektive. Alle Schilderungen sind daher wahr / hinterfragbar.
b) Ein auktorialer Erzähler schildert das Geschehen ohne / mit Wertungen, da er eigene / keine Wertvorstellungen hat.
c) In der personalen Erzählweise wird das Geschehen aus der Sicht einer Person / eines objektiven Beobachters geschildert.

4 Aufgabe

a) Streichen Sie die Begriffe durch, die für den Text „Die Tätowierung" nicht zutreffend sind.

blumig – sachlich – bildhaft – knapp – ironisch – romantisch – anschaulich – ausführlich – märchenhaft – langatmig.

b) Notieren Sie in einem Satz, welches Verhältnis zwischen dem Inhalt der Geschichte und der Sprache besteht.

5 Aufgabe

Vervollständigen Sie die folgenden Satzanfänge. Streichen Sie Unzutreffendes.

a) Mir ist es auch schon passiert, dass …
b) Die Geschichte hat mir gezeigt, dass …
c) Ich finde es gut / nicht gut, dass …

Lösungshilfen

2 Den Text deuten

Markieren Sie diejenigen Textstellen, die für die Geschichte entscheidend oder typisch sind, und deuten Sie sie.
Formulieren Sie danach eine Deutung des gesamten Textes. Achten Sie darauf, dass es keine Textstellen gibt, die Ihrer Deutung widersprechen.

3 Die Erzählperspektive berücksichtigen

Die Darstellung und die Wertungen hängen stark davon ab, ob der Text aus der Perspektive
- eines Ich-Erzählers,
- eines auktorialen Erzählers
- oder eines personalen Erzählers

geschrieben ist.

4 Sprachliche Besonderheiten berücksichtigen

Untersuchen Sie die Sprache des Textes (z. B.: eher lange oder kurze Sätze, besondere Ausdrücke, Wiederholungen). Beschreiben Sie, wie die Sprache auf Sie wirkt.
Vergleichen Sie die Sprache und den Inhalt des Textes.

5 Eine Verbindung zu eigenen Erfahrungen herstellen und den Text bewerten

Formulieren Sie, welche Bedeutung der Text für Sie hat. Vergleichen Sie z. B. die im Text dargestellten Werte mit Ihren eigenen Wertvorstellungen.

Einen Text produktiv bearbeiten

Alberto Nessi

Der Junge

Sie haben einen Jungen festgenommen. Er steht da an der Mauer, ich sehe ihn. Die Hände hinter dem Rücken, in Handschellen. Wie ein Mörder. Dabei ist er bloß von zu Hause weggelaufen. Ein junger Albaner, ein Rumäne, wer weiß. Er schaut auf den Boden. Hält die Augen gesenkt wie einer, der sich schuldig fühlt. Er ist stumm. Niemand spricht mit ihm. Wie lange steht er wohl schon dort vor Pias Haus? Seine gesamte Kindheit.

Die beiden Grenzwächter spazieren in ihrer funkelnagelneuen Uniform an ihm vorbei. Sie streifen ihn kaum mit dem Blick. Vor diesem schmächtigen Jungen wirken sie selbstsicher und wohlgenährt mit dem gutgeölten Magazin. Lässig. Sie haben ihre Pflicht getan. Sie lächeln. Gehen auf und ab und plaudern am Handy. In dem geparkten Auto daneben bellt ein Schäferhund.

Der erschrockene Junge hält den Kopf gesenkt, er denkt an sein Elend, an den Schleuser, der ihn im Wald ausgesetzt hat, an die Welt, die ihn in diesem Grau alleinlässt. Eine Frau lächelt den Wachen im Vorbeigehen zu, es ist, als trüge auch sie eine Uniform. Dann kommt der Kastenwagen. Einer steigt aus und sagt einen Satz im Dialekt. Der Junge hebt den Kopf und steigt ein, noch immer in Handschellen. Machtlos sehe ich am Fenster zu. Morgen werde ich ihn vergessen haben.

(aus: Franz Hohler (Herausgeber), 113 einseitige Geschichten, btb, München 2016, S. 102)

1 Aufgabe

a) Formulieren Sie Fragen an den Ich-Erzähler, die nicht mit ja oder nein beantwortet werden können, zu den folgenden Punkten.

- a) Gefühle beim Beobachten der Szene
- b) Einschätzung der Grenzwächter
- c) mögliches Eingreifen des Ich-Erzählers
- d) Gründe für das Vergessen
- e) Unterschied zwischen Tatsachen und Vermutungen

b) Beantworten Sie Ihre Fragen zu a) – e) in Stichworten.

2 Aufgabe

a) Ergänzen Sie jeweils den angefangenen Satz aus der Perspektive des Jungen.

- a) Als ich an der Mauer stand, konnte ich nur auf den Boden schauen, da …
- b) Als mir die Handschellen angelegt wurden, da …
- c) Die beiden Grenzwächter empfand ich als …
- d) Dass die Frau die Grenzwächter anlächelte …

Lösungshilfen

1 Ein Interview, eine Rede, einen inneren Monolog oder Brief verfassen

Finden Sie mehr über die Gefühle, Gedanken, Konflikte und Beweggründe der Person heraus, indem Sie Fragen zu ihrer Geschichte und Situation stellen und beantworten.

2 Die Handlung aus einer anderen Perspektive darstellen

Berücksichtigen Sie hierzu folgende Fragen:
- Wie könnten bestimmte Handlungen auf andere Personen wirken?
- Welche Gefühle oder Wertvorstellungen kann die andere Person haben?
- Welche persönlichen oder sozialen Hintergründe sind denkbar?

b) Ergänzen Sie jeweils den angefangenen Satz aus der Perspektive der anderen Personen.

a) Wir schauten ihn nicht an, weil …
b) Ich lächelte die Grenzwächter an, weil …

3 Aufgabe

a) Streichen Sie die Stichworte durch, die keine Leerstellen bezeichnen.

a) Gründe für die Festnahme des Jungen
b) Kopfhaltung des Jungen
c) Inhalt der Handy-Gespräche
d) Inhalt des Dialekt-Satzes
e) Einstieg in den Kastenwagen
f) Gedanken der handelnden Personen

b) Skizzieren Sie mögliche Inhalte, die den Text ergänzen könnten.

a) Inhalt der Handy-Telefonate

____

____

b) Aussage des Dialekt-Satzes

____

____

4 Aufgabe

Notieren Sie stichwortartig, wie die Geschichte sich entwickeln könnte, wenn die in a) und b) angegebenen Punkte verändert werden. Sie können dabei die gesamte Handlung, die Personen und deren Gedanken und Hintergründe verändern.

a) Der Junge ist kein Flüchtling und die Handschellen wurden ihm nicht von den Grenzwächtern angelegt.
b) Die Handlung spielt in Deutschland 1942

5 Aufgabe

Ordnen Sie die folgenden Merkmale einer szenischen Darstellung (S) oder einem Prosawerk zu (P). Streichen Sie Untypisches durch.

a) Gefühle werden beschrieben. (S) (P)
b) Die direkte Rede ist das wesentliche Merkmal. (S) (P)
c) Gefühle werden geäußert. (S) (P)
d) Man kann in die Gedanken einer Person hineinschauen. (S) (P)
e) Dialoge sind wesentlich. (S) (P)
f) Beschreibungen sind wesentlich. (S) (P)
g) Umgangssprache ist möglich. (S) (P)

Lösungshilfen

3 Leerstellen finden und ausfüllen

Erkennen Sie Handlungslücken.
Füllen Sie die Handlungslücken so aus, dass sie zum Verlauf der Handlung passen.

4 Den Verlauf der Handlung ändern

Verändern Sie eine Figur und beschreiben Sie die Konsequenzen für die weitere Handlung.
Verändern Sie das soziale Umfeld und beschreiben Sie die Konsequenzen für die Personen und ihr Verhalten.
Entwickeln Sie einen neuen Schluss, der zur Handlung passt.

5 In eine andere Textsorte oder andere Sprachebene umschreiben

Achten Sie dabei auf die Besonderheiten und Unterschiede der Textsorten, z. B.
- Dialoge / Szene
- Prosa (z. B. Brief, innerer Monolog)

Eine literarische Figur charakterisieren

M1

Udo in engen Nadelstreifenhosen, mit Nietengürtel und auf neongrünen Socken, er hatte keine Lust mehr auf Schuhe nach dem langen Flug, dazu eine Art Kapitänsuniformjacke und einen braunen Hut. [...]

Erst jetzt bemerke ich, dass Udo tatsächlich Zigarre raucht, ganz lässig, beiläufig, im Flughafengebäude, im rauchparanoiden Amerika.

Hi, hi, yeah, here we are, happy to be here again, how are you doing man, good looking, sagt Udo und pafft an seiner Zigarre. Und ich denke: Das war`s dann.

Der Uniformierte ist nicht zu Späßen aufgelegt. Doch da kennt er Udo schlecht. Den aus der Ruhe zu bringen, da braucht es schon mehr, als missmutig zu gucken und zu bellen: No smoking, Sir!

Oh, excuse me, yeahyeahyeah, sagt Udo friedlich – und lässt die Zigarre brennen, hält sie aber auf Gürtelhöhe, das ist sein Kompromissangebot.

(Benjamin von Stuckrad-Barre, Panikherz, Kiepenheuer & Witsch, Köln 2016, S. 10 – 11)

M2

Der Uniformierte fragt Udo, was er beruflich mache. Schon toll, dass Udo das noch mal gefragt wird in seinem Leben. I'm musician, started as a drummer, you know, back then, hundred years ago ...

Das ist komplett wahnsinnig. Udo trommelt ein bisschen mit seinem Reisepass und seiner Sonnenbrille auf dem Grenzschaltertresen herum. Drummer, Jazz-Drummer, you know? Yeah, but now ... [...] Ich höre Udo sagen, er sei von Beruf Udo Lindenberg, diesen Beruf gäbe es nur einmal in der Welt, Udo, nicht Ufo, wobei, so sicher könne man da gar nicht sein, denn er sei eigentlich, heimlich, aber das dürfe keiner wissen, das entführte Kind von Charles Lindbergh. [...]

Er sei, fährt Udo fort, ein in Deutschland sehr berühmter Rockmusiker, aber man wisse ja nie, junge Talente, weltweit unterwegs, vielleicht werde das ja noch was mit seiner Karriere in Amerika? Er zeigt, das tut er wirklich, dem Uniformierten auf seinem iPhone einen Videomitschnitt von einem seiner Stadionkonzerte.

(Benjamin von Stuckrad-Barre, Panikherz, Kiepenheuer & Witsch, Köln 2016, S.12)

1 Aufgabe

a) Markieren Sie in den Texten M1 und M2 die Beschreibungen des *Aussehens* und die *Aussagen* des Erzählers über Udo.

b) Fassen Sie diesen ersten äußeren Eindruck von Udo mithilfe von drei Begriffen zusammen.

____

2 Aufgabe

a) Markieren Sie in den Texten M1 und M2 die *Handlungen* und *Äußerungen* von Udo mit einer anderen Farbe.

b) Schreiben Sie in einem Satz auf, ob diese Selbstdarstellung mit der Darstellung durch den Ich-Erzähler (siehe Aufgabe 1) übereinstimmt.

c) Wählen Sie drei passende Begriffe aus der Wortsammlung unten aus, um Udo zu charakterisieren, und ergänzen Sie die folgenden Satzanfänge:

- Udo ist auf jeden Fall ______________________________, da
  ____
- Udo wirkt ______________________________________, da
  ____
- Udo scheint auch ___________________________ zu sein, da
  ____

Wortsammlung:
abgeklärt affig aggressiv albern angeberisch angepasst angstvoll anspruchslos arrogant aufbrausend ausgeflippt authentisch bedächtig berechnend bescheiden bestimmend betrügerisch bockig bösartig brutal depressiv destruktiv dickköpfig direkt diszipliniert draufgängerisch dünnhäutig durchtrieben edel egoistisch

3 Aufgabe

Notieren Sie Einflussfaktoren, die den Charakter und das Auftreten von Udo vielleicht beeinflussen.

____

____

4 Aufgabe

Übernehmen Sie aus den folgenden Sätzen das, was Sie zutreffend finden, und ergänzen Sie sie.

a) Das Verhalten von Udo beim amerikanischen Zoll hat für mich Vorbildfunktion / keine Vorbildfunktion, weil …

b) Ich möchte so sein / nicht so sein wie Udo, da …

Lösungshilfen

1 Darstellen, wie die Figur durch andere beschrieben wird

Notieren Sie, wie das Äußere der Figur beschrieben wird und welche Aussagen über sie gemacht werden. Beschreiben Sie, welcher Eindruck dadurch von der Figur entsteht und welche Besonderheiten die Figur möglicherweise hat.

2 Aussagen und Handlungen der Figur berücksichtigen

Stellen Sie dem äußeren Eindruck die Äußerungen, Handlungen und Gedanken der Figur selbst gegenüber. Leiten Sie aus dem äußeren Eindruck und den Äußerungen und Handlungen der Figur wichtige Charaktermerkmale ab.

3 Die Vorgeschichte und das Umfeld als mögliche Einflussfaktoren aufzeigen

Erklären Sie die Motive und die Denkweise der Figur auch aus ihrer Lebensgeschichte und ihrem sozialen Umfeld.

4 Die Figur mit Blick auf die eigenen Wertvorstellungen beurteilen

Sie können das Verhalten und Denken der Figur mit Ihren eigenen Wertvorstellungen vergleichen und z. B. feststellen, ob die Person ein Vorbild für Sie sein könnte.

Lösungen zu den Übungen

Aussagen als richtig oder falsch erkennen

1 Aufgabe

b), d), f), g), h)

2 Aufgabe

Übereinstimmung: c), d)

a) Mitarbeiter präsentieren …

b) Der Betriebsrat muss über … abstimmen …

e) Je nach Position im Betrieb darf das Unternehmen …

3 Aufgabe

e)

4 Aufgabe

d)

5 Aufgabe

c)

Gezielt Informationen finden

1 Aufgabe

a) Z. 8
b) Z. 15
c) Z. 24
d) Z. 11
e) Z. 32 f.

2 Aufgabe

weniger Krebs (Z. 15), weniger Diabetes (Z. 15, 29), weniger Erkrankungen der Atemwege (Z. 16), weniger Erkrankungen der Nieren (Z. 16), weniger Erkrankungen des Herzens (Z. 16), seltener einen Schlaganfall (Z. 16 f.)

3 Aufgabe

a) Die Studie wurde querbeet durch verschiedene Ethnien erstellt.

b) Die bisherigen Studien hatten die anderen schlechten Gewohnheiten der Kaffeetrinker nicht herausgerechnet.

c) Koffeinhaltiger Kaffee kann zu erhöhtem Puls, Unruhe und Schlafstörungen führen.

4 Aufgabe

a) Z. 1 – 4
b) Z. 12 – 15
c) falsch
d) falsch
e) falsch

5 Aufgabe

a) Die Ansicht, dass Kaffee ungesund sei, „ist mittlerweile überholt." (Z. 24)

b) Nach der Studie leiden „Kaffeetrinker weniger an […] Diabetes Typ 2 und Erkrankungen der […] Nieren […]." (Z. 15/16)

c) Die erste Studie berichtet „bei […] Kreislauferkrankungen […] über positive Auswirkungen eines […] hohen Kaffeekonsums." (Z. 8 – 10)

d) „Der [zweiten] Studie zufolge litten Kaffeetrinker weniger an Krebs […]." (Z. 15)

Begriffe erklären

1 Aufgabe

a) Laborgerät, mit dem man geringe Flüssigkeiten aufnimmt

b) Werkzeug, mit dem man Schläge ausführt

c) Zeicheninstrument, mit dem man Kreise zeichnen kann

d) Messinstrument, das die Zeit misst

e) Fortbewegungsmittel, auf dem eine Person sitzen und sich mit eigener Kraft fortbewegen kann

f) Möbelstück, auf dem mehrere Personen sitzen können

2 Aufgabe

a) eine Ehe schließen

b) zum Eigentum des Staates machen

c) in sein Inneres aufnehmen

d) sachlich betrachten

e) so verändern, dass es automatisch abläuft

f) mit einem Datum versehen

g) etwas demokratisch(er) gestalten

h) in digitale Daten umwandeln

3 Aufgabe

a) jemanden benachteiligen

b) etwas streng regeln

c) nachmachen

d) unbestimmt lassen, loslassen

e) nicht teilen, ganz lassen

f) jemanden ausschließen

4 Aufgabe

a) Bewerbung über das Internet
b) Formular für den Normalfall
c) Leiter, der für die Belegschaft zuständig ist
d) Situation, in der man sich unter Druck fühlt
e) Regel oder Vorschrift für das Verhalten
f) Gespräch, in dem einem geholfen wird

5 Aufgabe

a) Heirat
b) ungültig
c) Operation; Arzt

Wertungen im Text erkennen

1 Aufgabe

Individuelle Lösung

2 Aufgabe

a)	b)	c)	d)
2	2	1	1

3 Aufgabe

a) Heute sind leider viele Kinderspielsachen Robotern ähnlich.
b) Seltsamerweise interessieren sich viele Menschen für Roboter.
c) Die Kritik am Einsatz von Robotern ist jämmerlich.
d) Am Ende jedes zuckerwattigen Tages findet im Freizeitpark eine Parade statt.
Wertung: Für den Autor ist der Tag vom Verzehr von Zuckerwatte geprägt.
e) Die Besucher stopfen sich mit Popcorn voll.
Wertung: Nach Meinung des Autors essen die Besucher viel zu viel Popcorn.
f) An vielen Verkaufsständen arbeiten Aushilfen und Billiglöhner.
Wertung: Der Begriff klingt abwertend. Damit drückt der Autor entweder Kritik an der schlechten Bezahlung aus oder auch eine verächtliche Haltung gegenüber Geringverdienern.
g) Nur leidensfähige Studenten arbeiten hier längere Zeit.
Wertung: Der Autor zeigt Mitgefühl mit den Studenten, aber er drückt vielleicht auch Kritik an Menschen aus, die überhaupt solche Jobs annehmen.

Sätze umformulieren

1 Aufgabe

a) etwas völlig Widersinniges
b) herausgefordert werden / prüfen, ob sie mit anderen mithalten können
c) lernen, Ärger und Probleme auszuhalten
d) verschlüsselt
e) sich klar und direkt ausdrücken
f) führen nicht mit Sicherheit zum

2 Aufgabe

a) Viele Menschen lehnen es ab, Leistung mit Noten zu messen.
b) Seiner Ansicht nach wird die Motivation bei den Schülern stark gebremst, wenn man Noten vergibt.
c) Wenn man Noten abschafft, werden sie meist durch Berichte ersetzt.
d) Wenn man gemeinsame Projekte entwickelt, führt dies oft dazu, dass die Talente der Schüler besser ausgeschöpft werden.

3 Aufgabe

a) Einige Mitarbeiter benutzen bei der Arbeit lieber ihren eigenen Laptop als den firmeneigenen Computer. Dieser ist vielleicht zu langsam oder mit veralteter Software bestückt. Das nervt. Das Beharren auf dem eigenen Gerät macht allerdings den Umgang mit dem Datenschutz nicht einfacher.
b) Für Beschäftigte ist das Arbeiten mit den eigenen Geräten nicht nur vorteilhaft. Man denke nur an die Anschaffungskosten und den Arbeitsaufwand bei der Einrichtung oder an die schwierige Trennung von Beruf und Freizeit. Besonders schwierig ist diese Trennung in den Fällen, in denen berufliche E-Mails auf dem Smartphone empfangen werden.

4 Aufgabe

a) Menschen steigen im Beruf nicht mehr so häufig auf.
b) Den meisten Menschen gelang es, einen höheren Bildungsabschluss zu erlangen, als ihn die Generation ihrer Eltern hatte.
c) Die Zahl der Erwachsenen, die in hohem Maße überschuldet sind, ist gestiegen.
d) Menschen, die schon lange Zeit arbeitslos sind, haben nicht im gleichen Verhältnis vom Jobboom profitieren können wie die übrigen Menschen.

Sätze und Texte kurzfassen

1 Aufgabe

a) ~~In Zeiten von Feinstaubalarm, verstopften Innenstädten und gestiegenem Umweltbewusstsein~~ rückt das Fahrrad stark in den Blickpunkt.
Wann oder *Warum rückt das Fahrrad stark in den Blickpunkt?*

b) ~~Unter dem Druck der Verhältnisse vor allem in Ballungsräumen~~ muss eine Alternative zum Auto gefunden werden.
Weshalb muss eine Alternative zum Auto gefunden werden?

c) ~~Daher~~ wird man die Infrastruktur für Radfahrer ~~vom Freizeit- zum Berufsverkehr~~ umrüsten.
Warum oder *Wie wird man die Infrastruktur für Radfahrer umrüsten?*

2 Aufgabe

a) Dass sich das Fahrrad vom Freizeit- zum Massenfortbewegungsmittel entwickelt hat, zeigt allein die Tatsache, dass laut einer Untersuchung 39 % der Deutschen mit dem Fahrrad zur Arbeit oder zur Ausbildungsstätte fahren.

b) Die hohe Anzahl an E-Bikes, die die Nutzungsmöglichkeit des Fahrrads deutlich vergrößern, verändert die Einsatzmöglichkeiten dieses Fortbewegungsmittels drastisch.
Einsatzmöglichkeit des Fahrrads verändert

c) Aus Untersuchungen, die im letzten Jahr in 25 Ballungsräumen durchgeführt wurden, geht hervor, dass sich Radfahrer neue Wege und Abstellmöglichkeiten wünschen.
Wunsch der Radfahrer nach neuen Wegen und Abstellmöglichkeiten

3 Aufgabe

Forschungsergebnisse zeigen, dass Ratten und Menschen am Bauch besonders kitzlig sind.
Dafür werden drei mögliche Gründe genannt:

- Dieser empfindliche Körperteil soll im Kampf besser geschützt werden.
- Die Bindung zwischen Kind und Eltern soll spielerisch gefördert werden.
- Das Kitzelspiel könnte Training für den harten Lebenskampf sein.

Die Argumentationsstruktur erkennen

1 Aufgabe

a) Thema: Verkaufsoffener Sonntag *oder:* Sonntagsschutz
Zusammenhang: Urteil des Bundesverwaltungsgerichts

b) Thema: Niedergang der kleinen Ortschaften *oder:* Dörfer und Kleinstädte attraktiver machen
Zusammenhang: günstige Finanzlage *oder:* Niedergang der kleinen Ortschaften

2 Aufgabe

(So sind Forderungen und Begründungen markiert.)

a) Es wäre vernünftig, die Geschäfte am Sonntag grundsätzlich geschlossen zu halten. Die lästigen Diskussionen über mögliche Ausnahmen und die Streitereien über Ausnahmegenehmigungen wären dann überflüssig.

b) Wenn man etwas gegen steigende Mieten in den Ballungsräumen, verstopfte Großstadtstraßen und Landflucht tun will, muss man die kleinen Ortschaften stärken, damit mehr Menschen dort eine Perspektive sehen und es sich für sie wieder lohnt, dort zu bleiben.

3 Aufgabe

a) a) Wer in einer Ortschaft auf dem Land wohnt, ist abgehängt.
b) Viele Beschäftigte sind gar nicht unzufrieden, wenn sie am Sonntag arbeiten müssen.
c) Die kirchliche Bindung spielt bei der Ablehnung der Sonntagsarbeit nicht die wichtigste Rolle.

b) In Text c).

c) Individuelle Einschätzung; mögliche Lösung:
a) Note 3, da Beispiele teilweise pauschal
b) Note 1, da nachvollziehbar mit teilweise nachprüfbaren Fakten

4 Aufgabe

c)

Literarische Texte verstehen

1 Aufgabe
Individuelle Lösung

2 Aufgabe
a) Ich-Perspektive: subjektiv, persönlich dargestelltes Wissen
b) Perspektive eines allwissenden Erzählers (auktoriale Erzählhaltung): objektiv, unbegrenztes Wissen)
c) Perspektive des Mannes (personale Erzählhaltung): objektiv wirkend, begrenztes Wissen

3 Aufgabe
a) zwei gegensätzliche Begriffe in einem Wort
b) übertriebener Superlativ
c) Der Begriff wird im Tierreich verwendet, die Übertragung auf Kinder wirkt negativ.
d) Wortneuschöpfung
e) Ungewöhnliche Satzstellung: Das Subjekt steht nicht am Anfang.
f) unvollständiger Satz

Einen Schreibplan erstellen

1 Aufgabe
a) Die Textsorte ist ein Brief / ~~eine Beschreibung~~.
b) Empfänger ist ~~der Schulleiter~~ / Frau Leiter.
c) Anlass ist das Schreiben des Schulleiters / ~~Ihre Berufsausbildung~~.
d) Ziel Ihrer E-Mail ist ~~die Benennung~~ / die Darstellung von zwei Kritikpunkten / die Benennung von Verbesserungsvorschlägen.

2 Aufgabe
Individuelle Lösung

Beispiel für eine mögliche Lösung:
a) Ich schreibe Ihnen, weil *ich einen Brief von meinem Schulleiter bekommen habe, in dem er mich bat, zwei Dinge zu beschreiben, die mir an der Berufsschule negativ aufgefallen seien.*
b) Mein Name ist *Dimitrios Rastapopoulos* und ich habe die *Klasse W3A* besucht, weil *ich eine Ausbildung zum Lackierer absolviere.*
c) Sie als Lehrerin der Schule kennen sicher *die Schule sehr gut und Ihnen sind bestimmt auch schon einige Dinge negativ aufgefallen.*
d) Aber aus der Sicht eines Schülers möchte ich *Ihnen zwei Dinge beschreiben, die ich als Schüler besonders negativ fand.*

3 Aufgabe
Individuelle Lösung

4 Aufgabe
Hallo Frau Leiter,
Mein Name ist Ella und ich werde nächsten Monat meine Abschlussprüfung zur Chemikantin machen. Ihr Chef hat mich gebeten, Ihnen ein paar Punkte zu beschreiben, die mir an der WBS aufgestoßen sind. Da sind zuerst die Schulzeiten. Ich bin eine Langschläferin und finde es total daneben, wenn ich mitten in der Nacht schon in der Schule sein muss. Wissenschaftliche Studien haben auch belegt, dass Schülerinnen und Schüler frühestens ab 9 Uhr leistungsfähig sind. Deshalb schlage ich vor, die Schulzeiten nach hinten zu verlegen.
Außerdem ist das Essensangebot mies. Aber das kann mir ja eigentlich egal sein, weil ich nicht mehr lange an Ihrer Schule bin.
Hochachtungsvoll
Ihre Ella

Passende Formen der Höflichkeit wählen

1 Aufgabe

a)	b)	c)
5	7	1

2 Aufgabe
1

3 Aufgabe

a)	b)	c)	d)
4	2	3	1

Einen schriftlichen Kontakt anknüpfen und begründen

1 Aufgabe
a) Sie suchen Menschen, die von ihren Erfahrungen mit Hygienevorschriften berichten. Dazu kann ich einen Beitrag leisten.
b) Sie wollen über den Wandel der Etikette beim Umgang mit Kunden und dem Auftreten von Firmenvertretern in der Öffentlichkeit schreiben. Zu diesen Punkten werde ich Ihnen gern aus meinen Erfahrungen berichten.

2 Aufgabe

2 Ihre Berufserfahrung in Jahren
3 Ihre hauptsächlichen Tätigkeiten

3 Aufgabe

a) Zu meiner Person: Seit zwei Jahren mache ich eine Ausbildung als Mechatronikerin in einem mittelständischen Unternehmen. Dabei bin ich mit allen Sicherheitsvorschriften vertraut gemacht worden, die in meinem Beruf gelten.

b) Meine Ausbildung als Bankkaufmann habe ich gerade abgeschlossen. Da wir in unserem Beruf häufig mit Kundschaft in Kontakt sind, kann ich Ihnen über die Kleidervorschriften und das Auftreten gegenüber Kunden berichten. Dabei werde ich auf die Veränderungen eingehen, die es im Laufe der drei Jahre auf diesem Gebiet gegeben hat.

c) Wie du weißt, habe ich mich vor dreieinhalb Jahren hier in unserem Betrieb beworben. Wenn du dich also auch bei uns bewerben willst, musst du beachten, was sich inzwischen geändert hat und worauf heute besonders Wert gelegt wird.

Gespräche strukturieren und Ergebnisse protokollieren

1 Aufgabe

Thema: Antrag von Andreas Leschek auf Inanspruchnahme von Bildungsurlaub

Struktur des Gesprächs:
1. Antrag auf Bildungsurlaub
2. Diskussion des Antrags
3. Vereinbarung eines Kompromisses

2 Aufgabe

	Andreas Leschek	Daniel Wonke
1	Schweißkurs dieses Jahr	Schweißkurs nicht in diesem Jahr machen, da zu viele Aufträge
2	Freistellung mit Lohnfortzahlung	Urlaubstage dazu verwenden
3	Bildungsurlaub dieses Jahr nehmen	Prüfen, ob Anspruch dieses Jahr möglich
4	Fortbildung für eigene Ziele	Keine Notwendigkeit der Fortbildung für den Betrieb

3 Aufgabe

Individuelle Lösung

Beispiel für eine mögliche Lösung:
Herr Wonke sichert zu, dass Andreas Leschek den Bildungsurlaub im April nächsten Jahres auf jeden Fall nehmen kann. Den Anmeldebogen und das Programm der Fortbildung soll Herr Leschek nächste Woche zur gleichen Zeit mitbringen.

4 Aufgabe

Protokoll

Gesprächs-teilnehmer:	Herr Daniel Wonke, Herr Andreas Leschek
Ort:	Büro von Herrn Wonke
Zeit:	19. Mai 20XX, 10:00 Uhr
Thema:	Antrag von Andreas Leschek auf Bildungsurlaub

Herr Leschek trägt sein Anliegen vor, dass er einen Schweißkurs machen wolle und dazu Bildungsurlaub beantrage.
Nach einer kurzen Aussprache über den Zeitpunkt des Bildungsurlaubs und die Lohnfortzahlung einigen sich beide Gesprächspartner auf den Vorschlag von Herrn Wonke:
Andreas Leschek macht den Schweißkurs nicht in diesem Jahr, sondern im April nächsten Jahres, und erhält dafür Bildungsurlaub mit Lohnfortzahlung zugesichert.
Den Anmeldebogen und das Programm der Fortbildung bringt Herr Leschek in einer Woche zum gleichen Zeitpunkt mit ins Büro.

(Protokollant) Herr Wonke Herr Leschek

Einen Text übersichtlich gestalten

1 Aufgabe

a) ... An jedem anderen Platz am Band sollte er sich schon nach einer Stunde alleine zurechtfinden. Dabei, so meint er heute, bräuchte man einen Tag dafür.

Dass sich junge Menschen oft schwer mit dem Berufseinstieg tun, ist klar: ...

b) 1 Tobias' Probleme in seiner Anfangszeit
2 allgemeine Aussagen zum Berufseinstieg

2 Aufgabe

Absatz 1

Eigene Formulierung der Kernaussage:

Auswirkungen einer zu kurzen Einarbeitungszeit

Absatz 3

Zitat: *50 % aller Neuangestellten werden schlecht eingearbeitet*

Abstrakter Begriff: *Forderungen*

Absatz 4

Eigene Formulierung der Kernaussage:

Oft großer Schaden durch schlechte Einarbeitung

Zitat: *Ein Mensch ist kein Bauteil, ein Team keine Maschine.*

3 Aufgabe

Bild 1

Einen Text kommentieren

1 Aufgabe

a) Was Schreibfehler über die Glaubwürdigkeit einer Bewertung aussagen.

2 Aufgabe

Individuelle Lösung

Beispiel für eine mögliche Lösung:

Herr Müller macht nur das, was andere Unternehmen auch tun, wenn sie gefälschte Bewertungen über die Konkurrenz abgeben.

3 Aufgabe

Individuelle Lösung

Beispiel für eine mögliche Lösung:

Im Grunde genommen ist das für mich nur Notwehr. Beispielsweise haben wir in unserem Geschäft ein E-Bike angeboten, das sich verkaufte wie warme Semmeln. Die Rückmeldungen der Kundschaft zu dem Modell waren sehr gut, auch die Online-Bewertungen. Dann gab es plötzlich eine Serie von außergewöhnlich schlechten Bewertungen im Netz, während wir von unseren Kunden keinerlei Beschwerden hörten. Da haben wir vermutet, dass die Bewertungen im Netz gezielt gesteuert wurden. Wie soll man sich gegen so etwas wehren, wenn nicht durch eine gezielt positive Bewertung?

4 Aufgabe

Individuelle Lösung

Beispiel für eine mögliche Lösung:

... nicht das Recht ableiten, selbst gefälschte Bewertungen ins Netz zu stellen. Denn zum einen ist das Betrug an der Kundschaft. Außerdem ist der Umsatzeinbruch beim Auffliegen dieses Betrugs wahrscheinlich viel größer, weil die Kunden das Vertrauen verloren haben.

Visualisieren

1 Aufgabe

a) 2, Hierarchische Struktur

b) 1, Reihung

c) 1, Reihung

d) 3, Kreislauf

e) 3, Kreislauf

2 Aufgabe

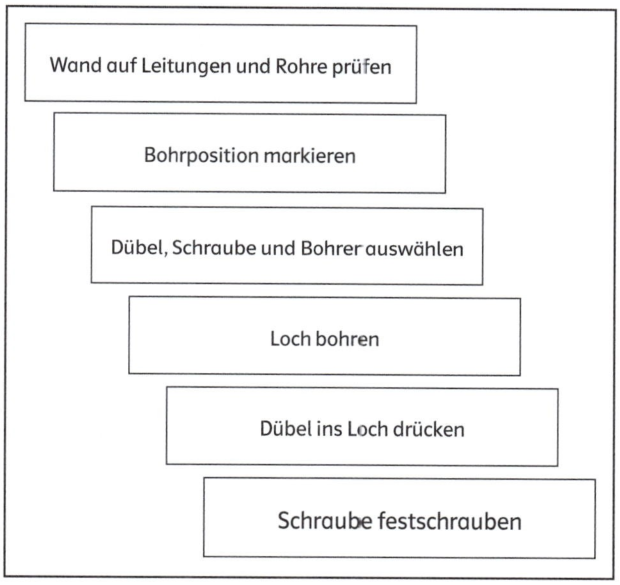

3 Aufgabe

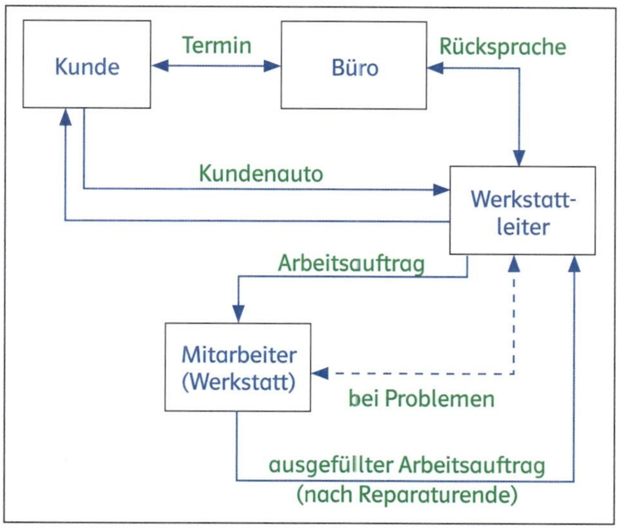

4 Aufgabe

a) Fieberkurve

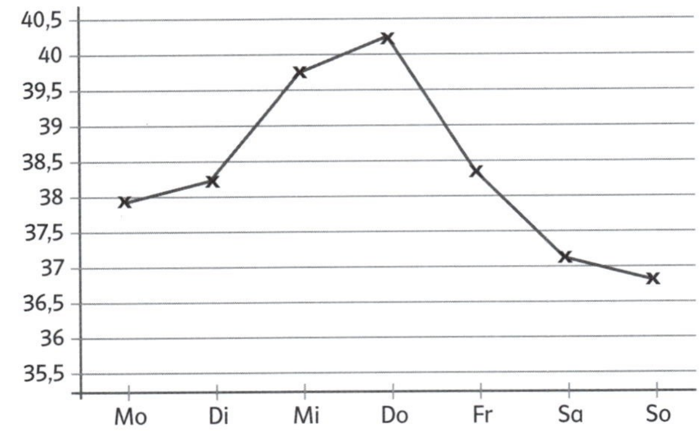

b) Umsätze

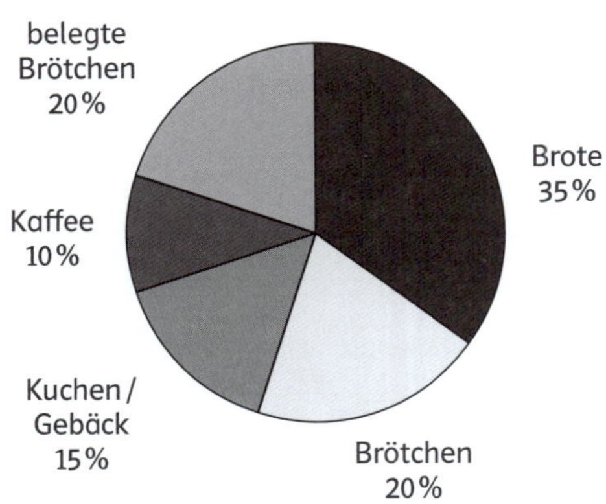

c) Fehlstunden

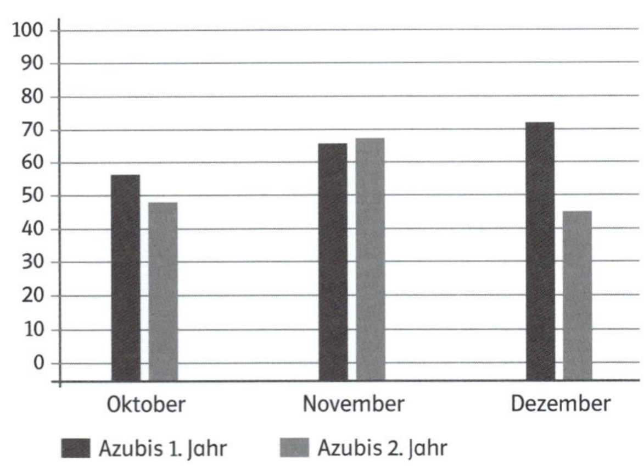

Einen literarischen Text interpretieren

1 Aufgabe

In der Geschichte (Titel) *„Die Tätowierung“* von (Autor) *Pedro Lenz* geht es um einen (wer?) *Bahnreisenden* und dessen *Gegenüber*, die sich (wo?) in *einem Zugabteil* begegnen. Der Ich-Erzähler möchte mit dem *Mitreisenden* ins Gespräch kommen, indem er ihn auf *dessen Tätowierung* anspricht. Er merkt aber, dass sein Gegenüber *kein Gespräch* will, und *schweigt*.
In der Geschichte geht es also um *nicht zustande gekommene Kommunikation.*

2 Aufgabe

a) a) Bedürfnis nach Kommunikation – Schwierigkeit, ein Gespräch anzufangen – Schweigen nach dem missglückten Gesprächsanfang
b) Ablehnung – Angst vor Zurückweisung – Interpretation von Verhalten

b) a) Der Erzähler bemüht sich nicht *sehr* darum, sondern macht nur einen einzigen Versuch.
b) Der Erzähler wird nicht als rechthaberisch dargestellt.
c) Ton und Inhalt werden in der Erzählung nicht als widersprüchlich dargestellt.

3 Aufgabe

a) Der Ich-Erzähler beschreibt das Geschehen aus einer subjektiven / ~~objektiven~~ Perspektive. Alle Schilderungen sind daher ~~wahr~~ / hinterfragbar.
b) Ein auktorialer Erzähler schildert das Geschehen ~~ohne~~ / mit Wertungen, da er eigene / ~~keine~~ Wertvorstellungen hat.
c) In der personalen Erzählweise wird das Geschehen aus der Sicht einer Person / ~~eines objektiven Beobachters~~ geschildert.

4 Aufgabe

a) ~~blumig~~ – sachlich – ~~bildhaft~~ – knapp – ~~ironisch~~ – ~~romantisch~~ – ~~anschaulich~~ – ~~ausführlich~~ – ~~märchenhaft~~ – ~~langatmig~~

b) Die knappe Sprache entspricht der Schwierigkeit des Erzählers, mit dem Mitreisenden zu kommunizieren.

5 Aufgabe

Individuelle Lösung

Beispiel für eine mögliche Lösung:
a) Mir ist es auch schon passiert, dass ich Schwierigkeiten hatte, mit jemandem ins Gespräch zu kommen.
b) Die Geschichte hat mir gezeigt, dass man nicht zu schnell aufgeben soll.
c) Ich finde es nicht gut, dass der Erzähler sich so viele Gedanken macht und so wenig ausspricht.

Einen Text produktiv bearbeiten

1 Aufgabe

a) Individuelle Lösung

Beispiel für eine mögliche Lösung:

a) Welche Gefühle hatten Sie beim Betrachten der Szene?
b) Wie schätzen Sie die Grenzwächter ein?
c) Warum haben Sie nicht eingegriffen?
d) Warum werden Sie den Jungen morgen vergessen haben?
e) Woran erkennt man in Ihrer Erzählung, was Tatsachen und was Vermutungen sind?

b) Individuelle Lösung

2 Aufgabe

Individuelle Lösung

Beispiel für eine mögliche Lösung:

a) a) Als ich an der Mauer stand, konnte ich nur auf den Boden schauen, da *ich es nicht ertragen konnte, wie mich der Mann aus dem Fenster gegenüber angaffte.*
b) Als mir die Handschellen angelegt wurden, da *fühlte ich mich schrecklich hilflos und allein.*
c) Die beiden Grenzwächter empfand ich als *arrogant, weil sie sich nicht um mich kümmerten.*
d) Dass die Frau die Grenzwächter anlächelte *und mich nicht einmal anschaute, fand ich sehr verletzend. Es war, als ob ich für sie gar nicht existierte.*

b) a) Wir schauten ihn nicht an, weil *uns diese armen Jungs oft leidtun. Aber wir müssen eben unseren Job machen.*
b) Ich lächelte die Grenzwächter an, *weil ich ihnen meine Verachtung zeigen wollte, dass sie so einen jungen Kerl festgenommen und ihm Handschellen angelegt hatten.*

3 Aufgabe

a) a) Gründe für die Festnahme des Jungen
b) ~~Kopfhaltung des Jungen~~
c) Inhalt der Handy-Gespräche
d) Inhalt des Dialekt-Satzes
e) ~~Einstieg in den Kastenwagen~~
f) Gedanken der handelnden Personen

b) Individuelle Lösung

4 Aufgabe

Individuelle Lösung

Beispiel für eine mögliche Lösung:

a) Der Junge ist ein Mobbing-Opfer. Er wurde von seinen Mitschülern in den Wald gelockt und mit Handschellen gefesselt. Der Polizist sagt zu dem Jungen, als er in den Kastenwagen steigt: „Dös wird scho. Mir ham bisher alle Handschölln aufbekommen. Und deine Spezis, die kriegn an Ärger, dös versprech i dir."
b) Der Junge ist Jude und wollte über die Grenze in die Schweiz, wurde aber von Grenzern abgefangen. Beim Einsteigen in den Kastenwagen wird dem Jungen gesagt, dass er in ein Arbeitslager eingeliefert werde.

5 Aufgabe

a) (P)
b) (S)
c) (S)
d) (P)
e) (S)
f) (P)
g) (S) (P)

Eine literarische Figur charakterisieren

M1 Udo in engen Nadelstreifenhosen, mit Nietengürtel und auf neongrünen Socken, er hatte keine Lust mehr auf Schuhe nach dem langen Flug, dazu eine Art Kapitänsuniformjacke und einen braunen Hut. [...]
Erst jetzt bemerke ich, dass Udo tatsächlich Zigarre raucht, ganz lässig, beiläufig, im Flughafengebäude, im rauchparanoiden Amerika.
Hi, hi, yeah, here we are, happy to be here again, how are you doing man, good looking, sagt Udo und pafft an seiner Zigarre. Und ich denke: Das war`s dann.
Der Uniformierte ist nicht zu Späßen aufgelegt. Doch da kennt er Udo schlecht. Den aus der Ruhe zu bringen, da braucht es schon mehr, als missmutig zu gucken und zu bellen: No smoking, Sir!
Oh, excuse me, yeahyeahyeah, sagt Udo friedlich – und lässt die Zigarre brennen, hält sie aber auf Gürtelhöhe, das ist sein Kompromissangebot.

M2 Der Uniformierte fragt Udo, was er beruflich mache. Schon toll, dass Udo das noch mal gefragt wird in seinem Leben. I'm musician, started as a drummer, you know, back then, hundred years ago …
Das ist komplett wahnsinnig. Udo trommelt ein bisschen mit seinem Reisepass und seiner Sonnenbrille auf dem Grenzschaltertresen herum. Drummer, Jazz-Drummer, you know? Yeah, but now …
[…]
Ich höre Udo sagen, er sei von Beruf Udo Lindenberg, diesen Beruf gäbe es nur einmal in der Welt, Udo, nicht Ufo, wobei, so sicher könne man da gar nicht sein, denn er sei eigentlich, heimlich, aber das dürfe keiner wissen, das entführte Kind von Charles Lindbergh. […]
Er sei, fährt Udo fort, ein in Deutschland sehr berühmter Rockmusiker, aber man wisse ja nie, junge Talente, weltweit unterwegs, vielleicht werde das ja noch was mit seiner Karriere in Amerika? Er zeigt, das tut er wirklich, dem Uniformierten auf seinem iPhone einen Videomitschnitt von einem seiner Stadionkonzerte.

1 Aufgabe

a) die unterstrichenen Textstellen in den Texten M1 und M2

b) lässig, merkwürdig, selbstbewusst

2 Aufgabe

a) in M1 und M2 mit gestrichelter Linie gekennzeichnet

b) Udos Handlungen und Äußerungen verstärken das Bild vom lässigen, merkwürdigen und selbstbewussten Udo.

c) Individuelle Lösung

3 Aufgabe

Individuelle Lösung

Beispiel für eine mögliche Lösung:
Udo ist erfolgreich und daher auch selbstbewusst.
Udo ist Künstler und deshalb unkonventioneller.

4 Aufgabe

Individuelle Lösung